中國第一歷史檔案館

明清宮藏中西商貿檔案（五）

嘉慶六年起
道光七年止

中國檔案出版社

目录

第五册

四九六 兩廣總督吉慶奏折

廣東洋鹽商人捐納軍需銀兩

(嘉慶六年正月二十九日)

臣吉慶臣瑚圖禮臣信山跪

奏為據情代奏籲懇

聖恩俯准事竊臣等欣聞川陜逆匪指日蕩平凡屬

官民無不共深歡忭茲據鹽商温永裕陳維屏

吳昆同張履和吳叙慈陳建業李念德陳春和

等洋商潘致祥盧觀恒伍忠誠葉上林劉德章

倪秉發鄭崇謙潘長耀等呈稱商等欣逢

聖世渥荷

生成得樂業以安居藉仰事而俯蓄舉凡商等之半

絲一粟皆出

四九六　兩廣總督吉慶奏折

廣東洋鹽商人捐納軍需銀兩
（嘉慶六年正月二十九日）

盛朝之
厚澤深仁感激難名涓埃未報恭讀邸抄軍營連次
奏捷首逆俱已殲擒草野人民靡不歡欣鼓舞
商等受
恩優渥捧音誌喜尤倍尋常伏思前次涓滴之輸未
盡螻蟻之悃當此大功告竣
賞賚不無需費商等情願各備銀十五萬兩共捐銀
三十萬兩稍展微忱俯賜據情入
奏並請先各繳銀五萬兩其餘各十萬兩懇於藩
運二庫內分別借支墊解容俟於嘉慶七年起

分限五年完繳等情具呈前來臣等伏查鹽洋
二商仰蒙
皇上豢養深恩又復
曲加體恤減免盈餘感戴私衷莫能名狀茲當大功
告竣該商等踴躍捐輸以備凱旋
賞犒之費情詞真切寔出至誠臣等不敢壅於上
聞理合據情代
奏如蒙
恩准臣等即將該商等先繳銀十萬兩並於藩運二
庫内借支銀二十萬兩共銀三十萬兩委員解

四九六　兩廣總督吉慶奏折
廣東洋鹽商人捐納軍需銀兩
（嘉慶六年正月二十九日）

京以備
賞用仍將借支銀兩於嘉慶七年起分限五年完繳
歸款是否有當伏乞
皇上睿鑒訓示謹
奏
即有旨

嘉慶六年正月　二十九　日

四九七　内閣奉上諭

著將粤省洋鹽各商自願捐銀為凱旋賞需之費造册咨部予以奬叙（嘉慶六年二月二十二日）

嘉慶六年二月二十二日内閣奉
上諭據吉慶等奏粤省鹽商温永裕洋商潘致祥等呈稱大功
告竣賞賚不無需費情願各備銀十五萬兩為賞犒之費
據情代奏等語現在各路軍營捷音踵至大功指日告竣
該商等踴躍輸將情詞真切著俯准賞收以遂其報効之
忱此項商捐銀兩除各先繳銀五萬兩外其餘各十萬兩並
准其於藩運二庫分別借支墊解於嘉慶七年起分限五
年完繳所有捐輸各商著該督等造具人數銀數履歷清
册咨部給予議叙以示奬勵欽此

四九八　粤海關監督佶山奏折

經征粤海關税一年期滿數目

（嘉慶六年六月二十二日）

奴才佶山跪

奏爲恭報經徵關税一年期滿數目仰祈

聖鑒事竊照粤海關徵收正雜銀兩一年期滿例將

總數先行

奏明俟查核支銷確數分欵造册委員解部另行

恭疏具

題歷年遵照辦理又於嘉慶四年五月承准户部

劄行奉

上諭向來各關徵税於正額之外將盈餘一項比較

上三届徵收最多年分如有不敷即著經徵之員

賠補以致司榷各員藉端苛斂而賠繳之項仍未
能如數完交徒屬有名無實因思各關情形不同
所有盈餘數目自應酌中定制以歸核實而示體
恤已於戶部所奏各關盈餘銀數清單內經朕查
照往年加多之數分别核減自此次定額之後倘
各關每年盈餘於新定之數再有短少即行著落
賠補如於定數或有多餘亦即儘收儘解其三年
比較之例著永行停止並奉
欽定粵海關盈餘銀八十五萬五千五百兩欽此欽
遵各在案茲自嘉慶五年五月二十六日起至

四九八　粵海關監督佶山奏折

經征粵海關税一年期滿數目
（嘉慶六年六月二十二日）

嘉慶六年五月二十五日止經徵壬戌年分税銀一年期滿大關各口共徵銀一百三十三萬六千一百七十一兩八錢三分一釐奴才伏查粵海關税課全以夷船進出貨税爲重每年收數之盈絀不論到船多寡惟以夷貨粗細爲準如到船雖多所載俱係棉花胡椒錫鉛等類粗貨納税本輕收數即形短少或到船雖少所載大呢羽紗洋參等類細貨較多收數遂能豐旺上年辛酉年分計到夷船五十九隻共徵銀一百二十萬一千二百餘兩本年壬戌年分計到

四九八　粤海關監督佶山奏折

經征粤海關税一年期滿數目
（嘉慶六年六月二十二日）

夷船六十四隻比上屆僅多到五隻即多收銀
十三萬三千九百餘兩核與
欽定盈餘之數計溢收銀四十八萬六百七十一兩
零除將到關船數及貨物粗細分别造具清册
送部核對外所有經徵一年期滿數目理合恭
摺具
奏伏乞
皇上睿鑒謹
奏
所辦尚屬認真知道了
嘉慶六年六月　二十二　日

四九九　粵海關監督佶山奏折

飭令各商趕緊完納粵海關進口税
（嘉慶六年六月二十二日）

奴才佶山跪

奏再壬戌年分徵銀一百三十三萬六千一百七十一兩零除應支通關經費及應扣存解部各款銀二十一萬餘兩又找撥本省兵餉等項銀三十三萬四千五百七十三兩零計存剩銀七十八萬餘兩奴才因向來進口夷税經前監督

李質穎

奏明於滿關後展限六個月内徵齊起解奴才誠恐或有撥用之處飭令各商赶緊完納現已陸續徵齊聽候一有奉撥即行起解合并附片陳

明伏乞

四九九　粤海關監督佶山奏折　飭令各商趕緊完納粤海關進口税（嘉慶六年六月二十二日）

聖鑒謹

奏

知道了

五〇〇　粵海關監督佶山奏折

粵海關庫銀五十萬兩先解京備用
（嘉慶六年六月二十二日）

謹
奏竊查粵海關壬戌年分所到洋船較多寔力徵
收稅課充裕截至本年五月一年期滿共徵收
銀一百三十三萬二千五百餘兩除撥解粵東
本年兵餉及撥解湖北等省備用等項外尚約
存粵盈庫銀七十餘萬兩此項銀兩擬先解京
銀五十萬兩是否伏候
聖主訓示遵行謹
奏

即行解京備用

五〇一　粵海關監督三義助奏折
遵旨動撥關税銀數移交藩庫
（嘉慶七年十二月初九日）

奴才三義助跪
奏為遵
旨動撥關税銀兩解交本省藩庫還款備用恭摺
奏明仰祈
聖鑒事竊奴才于嘉慶七年十二月初二日准兼署
兩廣總督廣東巡撫臣瑚圖禮咨會接准
廷寄欽奉
上諭據吉慶等奏兵餉不敷曾于藩庫撥用銀二十
三萬兩零今請于粵海關征存税銀内動撥五十
萬兩解司還款備用等語着即准其動撥等因欽

五〇一 粤海關監督三義助奏折

遵旨動撥關税銀數移交藩庫（嘉慶七年十二月初九日）

此咨會前來奴才遵即在于粤海關征收癸亥年分關税銀内照數動撥銀五十萬兩于十二月初七等日移交廣東布政司庫還欵備用其動撥欵項仍歸入粤海關本年

奏銷内分欵報銷除咨請撫臣瑚圖禮照例具

題外合將動撥關税銀數移交藩庫日期恭摺具

奏伏乞

皇上睿鑒謹

奏

知道了

嘉慶七年十二月　初九　日

五〇二　粵海關監督三義助奏折

報解關稅盈餘銀兩數目（嘉慶七年十二月十二日）

奴才三義助跪

奏為報明起解關稅盈餘銀兩數目仰祈

聖鑒事竊照粵海關每年起解正雜銀兩例應具摺

奏報茲癸亥年分關稅前監督佶山管理任內自

嘉慶六年五月二十六日起至十月十二日止

計四個月零十七日共征銀三十六萬九千二

百九十四兩六錢一分二厘奴才接管任內自

嘉慶六年十月十三日起至嘉慶七年五月二

十五日止計七個月零十三日共征銀一百一

十七萬一千四百七十八兩四錢八分兩任一

五〇二 粤海關監督三義助奏折

報解關稅盈餘銀兩數目

(嘉慶七年十二月十二日)

年期内共征銀一百五十四萬七百七十三兩九分二厘業經恭摺

奏明在案兹當委員起解應將收支撥解實數分晰造報伏查癸亥年分共征銀一百五十四萬七百七十三兩九分二厘内正項盈餘銀九十七萬四千三百七十九兩六錢二分一厘除循例支出銀四萬兩并銅斤水脚銀三千五百六十四兩移交藩庫取有庫收送部查核尚存正羡銀九十三萬八百一十五兩六錢二分一厘又雜羡盈餘銀五十六萬六千三百九十三兩

五〇二　粵海關監督三義助奏折　報解關税盈餘銀兩數目（嘉慶七年十二月十二日）

四錢七分一厘除支出通關經費養廉工食及
鎔銷折耗等銀四萬二千二百八十四兩四錢
二分三厘又支出解造辦處裁存備貢銀五萬
五千兩又支出動支報解水脚銀四萬九千一
百五十四兩八分二厘部科飯食銀三萬八千
三百二十八兩四錢九分九厘尚存雜羨盈餘
銀三十八萬一千六百二十六兩四錢六分七
厘共存應解正雜盈餘銀一百三十一萬二千
四百四十二兩八分八厘内除奉
旨撥解河南省候撥銀一十萬兩又奉撥解陝西省

應用銀一十萬兩又奉撥解陝西省備用銀二
十萬兩又奉撥解四川省備用銀二十萬兩又
洋商捐輸川楚凱旋賞賚案内欽奉
諭旨賞收銀一十萬兩在于關庫借支墊解自嘉慶
八年起分限二年繳還遵經照數借支解赴陝
西備用尚存盈餘銀六十一萬二千四百四十
二兩八分八厘應照常例解部緣先准督臣咨
會附片
奏撥關稅銀五十萬兩以資軍需應用等因自應
恭候

硃批欽遵辦理茲于本年十二月初二日准兼署兩
廣總督廣東巡撫臣瑚圖禮咨會欽奉
諭旨准撥粵海關稅銀五十萬兩移解本省藩庫等
因奴才遵即照數支出銀五十萬兩解交藩庫
外實存解部盈餘銀一十一萬二千四百四十
二兩八分八厘又動支報解水脚銀四萬九千
一百五十四兩八分二厘又存另解平餘罰料
截曠等銀九千二百三十兩二錢九分五厘查
此項平餘等銀係遵照户部
奏准於奏銷案内按數剔除入於本案報銷不歸

五〇二 粵海關監督三義助奏折

報解關稅盈餘銀兩數目
（嘉慶七年十二月十二日）

并盈餘項下又查解部稅銀每千兩向有加平
銀一十五兩添入鞘内今癸亥年分撥解過河
南陝西四川廣東四省偹撥偹用等銀共一百
一十萬兩所有加平毋庸添入計溢出銀一萬
六千五百兩一并另欵解赴户部至洋商借支
捐解陝西偹用銀一十萬兩其加平銀兩支存
關庫請俟該洋商等按限繳還隨鞘解部以清
欵項合并陳明除遵例恭疏
題報按欵具批於嘉慶七年十二月初九等日委
員分起解部文納外所有癸亥年分關稅收支

五〇二 粵海關監督三義助奏折 報解關稅盈餘銀兩數目（嘉慶七年十二月十二日）

實解數目理合恭摺

奏報伏乞

皇上睿鑒謹

奏

知道了

嘉慶七年十二月　十二

五〇三　粵海關監督三義助奏折

報告存庫銀兩數目

（嘉慶八年二月初十日）

奴才三義助跪

奏再查現征甲子年分關税自嘉慶七年五月二十六日起至八年二月初三日止計八個月零八日大關各口共征銀一百五十六萬四千七百有零内查進口夷税向例于滿關後始行開征兹已現收出口夷税并各口解到共銀四十六萬七千餘兩除按月支銷經費及墊解洋商甲子年備貢共銀一十五萬九千七百餘兩外現存庫銀三十萬七千餘兩合并附片奏

聞謹

五〇三　粤海關監督三義助奏折

報告存庫銀兩數目

(嘉慶八年二月初十日)

奏

覽

五〇四　粤海關監督三義助奏折

報告經征關稅數目

（嘉慶八年五月十七日）

奴才三義助跪

奏爲恭報經征關稅一年期滿數目仰祈

聖鑒事竊照粤海關征收正雜銀兩一年期滿例將

總數先行

奏明俟查核支銷確數分款造册委員解部另行

恭疏具

題歷年遵照辦理又於嘉慶四年五月承准户部

劄行奉

上諭向來各關征税於正額之外將盈餘一項比較

上三届征收最多年分如有不敷即着經征之員

賠補以致司榷各員藉端苛斂而賠繳之項仍未
能如數完交徒屬有名無實因思各關情形不同
所有盈餘數目自應酌中定制以歸核實而示體
恤已於户部所奏各關盈餘銀數清单内經朕查
照往年加多之數分別核減自此次定額之後倘
各關每年盈餘於新定之數再有短少即行着落
賠補如於定數或有多餘亦即儘收儘解其三年
比較之例着永行停止並奉
欽定粤海關盈餘銀八十五萬五千五百兩欽此欽
遵各在案茲奴才經征甲子年分關稅自嘉慶

五〇四 粤海關監督三義助奏折
報告經征關稅數目（嘉慶八年五月十七日）

七年五月二十六日起至嘉慶八年連閏扣至四月二十五日止一年期滿大關各口共征銀一百六十九萬五千三百八十九兩三分奴才查本年共到夷船八十四隻仰賴

聖主洪福貿易流通征收豐旺核與

欽定盈餘數目計溢收銀八十三萬九千八百八十九兩零並較上屆癸亥年分所征銀一百五十四萬七百餘兩之數多收銀一十五萬四千六百餘兩除將到關船數及貨物粗細分別造具清册送部核對外所有經征關稅一年期滿數

目理合恭摺具
奏伏乞
皇上睿鑒謹
奏

戶部知道

嘉慶八年五月　十七　日

五〇五　粤海關監督三義助奏折

報解關税盈餘銀兩數目

（嘉慶八年十月初三日）

奴才三義助跪

奏爲報明起解關税盈餘銀兩數目仰祈

聖鑒事。竊照粤海關每年起解正雜銀兩，例應具摺

奏報。兹甲子年分關税，自嘉慶七年五月二十六

日起，至嘉慶八年連閏扣至四月二十五日止，

一年期滿，大關各口共征銀一百六十九萬五

千三百八十九兩三分，業經恭摺

奏明在案。現在委員起解，應將收支撥解實數分

晰造報。伏查甲子年分共征銀一百六十九萬

五千三百八十九兩三分內正項盈餘銀一百
六萬一千四百四十一兩六錢七厘除循例支
出銀四萬兩弁銅斤水脚銀三千五百六十四
兩移交藩庫取有庫收送部查核又奉文撥解
甘肅省歸還例餉銀七十萬兩又奉
旨撥解河南候撥銀兩案內解過銀一十萬兩續奉
諭旨改解
盛京備用尚存正羨銀二十一萬七千八百七十
七兩六錢七厘又雜羨盈餘銀六十三萬三千
九百四十七兩四錢二分三厘除支出通關經

五〇五　粵海關監督三義助奏折

報解關税盈餘銀兩數目

(嘉慶八年十月初三日)

費養廉工食及鎔銷折耗等銀四萬四千一百四十六兩二錢一厘又支出解交造辦處裁存備貢銀五萬五千兩又支出動支報解水脚銀五萬三千九百六十七兩七錢五分五厘部科飯食銀四萬二千五百八兩四錢三分七厘尚存雜羨盈餘銀四十三萬八千三百二十五兩三分共應存解部正雜盈餘銀六十五萬六千二百二兩六錢三分七厘又動支報解水脚銀五萬三千九百六十七兩七錢五分五厘又存另觧平餘罰料截曠等銀九千六百五兩五錢

三分六厘查此項平餘等銀係遵照户部
奏准於奏銷案内按數剔除入於本案報銷不歸
併盈餘項下又查解部税銀每千兩向有加平
銀一十五兩添入鞘内今甲子年分撥解過廿
肅
盛京還款備用等銀八十萬兩所有加平毋庸添
入計溢出銀一萬二千兩一併另款解赴户部
合并陳明除遵例恭疏
題報按款具批於嘉慶八年九月二十八等日委

五〇五　粤海關監督三義助奏折

報解關稅盈餘銀兩數目
（嘉慶八年十月初三日）

員分起解部交納外所有征收甲子年分關稅
支銷存解數目理合恭摺具
奏伏乞
皇上睿鑒謹
奏
知道了
嘉慶八年十月初三日

五〇六　粤海關監督三義助奏折

報告征收新季餉銀情形

（嘉慶八年十月初三日）

奴才三義助跪

奏再查現辦乙丑年分關稅自本年四月二十六日起至今十月初二日止所征新季餉銀仰賴

皇上洪福洋船陸續進口細貨居多大關各口業已共征銀一百二萬六千餘兩理合附片奏

聞謹

奏

覽

五〇七　兩廣總督倭什布奏折　曉天文之西洋人高守謙等情願進京當差（嘉慶九年二月初三日）

兩廣總督臣倭什布
廣東巡撫臣孫玉庭跪

奏為諳曉天文之西洋人情願進京當差恭摺奏

聞請

旨事竊據廣東布政使廣厚轉據署廣州府同知葉

慧業禀稱據澳門夷目嘜嚟哆禀有大西洋咱

嘛哆啞國人高守謙自幼學習天文精於推算

呈明該國王令其進京當差附搭洋船來廣又

畢學源一名亦諳曉天文於嘉慶五年經前督

臣吉慶等具奏

五〇七 兩廣總督倭什布奏折
曉天文之西洋人高守謙等情願進京當差(嘉慶九年二月初三日)

准令送京嗣因患病停止該洋人因誠心向
化航海遠來不肯回國在澳門調治今已全愈行
動如常情願仍進京當差等情當經查驗取結
由該司覆核具詳前來臣等覆查無異理合恭
摺具
奏可否准其送京之處伏乞
皇上睿鑒訓示遵行謹
奏
准其進京
嘉慶九年二月　初三　日

五〇八　粵海關監督三義助奏折

報告關庫存銀數目
（嘉慶九年二月初三日）

奴才三義助跪

奏，再查現征乙丑年分關稅，自嘉慶八年四月二十六日起至九年二月初一日止，計九個月零六日，大關各口共征銀一百四十四萬九千四百餘兩，內進口夷稅向例於滿關後開征六個月全完解部，其出口夷稅及各口現解到餉銀，除按月支銷經費外，存庫銀四十七萬五千九百餘兩。今遵

旨即於此項庫貯內湊撥川省銀四十四萬二千七

百餘兩合併附片陳明謹
奏
覽

五〇八　粤海關監督三義助奏折
報告關庫存銀數目
（嘉慶九年二月初三日）

五〇九 粤海關監督三義助奏折

報告經征關稅一年期滿數目
（嘉慶九年五月十九日）

奴才三義助跪

奏為恭報經征關稅一年期滿數目仰祈

聖鑒事竊照粤海關征收正雜銀兩向例一年期滿

先將總數繕摺

奏明俟查核支銷確數分款造册委員觧部另行

恭疏具

題歷年遵照辦理又於嘉慶四年五月承准户部

劄行奉

上諭向來各關征稅於正額之外將盈餘一項比較

五〇九　粤海關監督三義助奏折

報告經征關税一年期滿數目

（嘉慶九年五月十九日）

上三届征收最多年分如有不敷即着經征之員
賠補以致司榷各員藉端苛斂而賠繳之項仍未
能如數完交徒屬有名無實因思各關情形不同
所有盈餘數目自應酌中定制以歸核實而示體
恤已於户部所奏各關盈餘銀數清单内經朕查
照徃年加多之數分別核減自此次定額之後倘
各關每年盈餘於新定之數再有短少即行着落
賠補如於定數或有多餘亦即儘收儘解其三年
比較之例着永行停止並奉

五〇九 粤海關監督三義助奏折

報告經征關税一年期滿數目
(嘉慶九年五月十九日)

欽定粤海關盈餘銀八十五萬五千五百兩欽此欽遵各在案兹奴才經征乙丑年分關税自嘉慶八年四月二十六日起至九年四月二十五日止一年期滿大關各口共征銀一百五十五萬五千五百八十六兩四錢五厘核與欽定盈餘銀數外計溢收銀七十萬零八十六兩零除將到關船隻貨物粗細分别造具清册送部核對外所有經征關税一年期滿數目理合恭摺具

五〇九　粵海關監督三義助奏折

報告經征關稅一年期滿數目
（嘉慶九年五月十九日）

奏伏乞

皇上睿鑒謹

奏

户部知道

嘉慶九年五月十九日

五一〇　粤海關監督延豐奏折

報告到粤接任日期

（嘉慶九年七月二十六日）

奴才延豐跪

奏為恭報到粤接印任事日期叩謝

天恩仰祈

聖鑒事竊奴才欽承

恩命調任粤海關監督當經繕摺奏謝

聖恩並將交印起程日期具

奏在案茲奴才於七月二十六日行抵廣東省城

准前任監督三義助將

欽頒粤海關監督關防幷庫貯錢糧造冊委員移交

五一〇　粵海關監督延豐奏折

報告到粵接任日期

（嘉慶九年七月二十六日）

前来奴才隨恭設香案望
闕叩頭祇謝
天恩即於是日接印任事伏念奴才微末司員短於
才識荷蒙
皇上逾格殊恩調司粵榷重任撫衷正切感悚昨於
江西大庾縣途次奴才謝
恩摺差回恭奉
硃批粵海稅務繁多須留心體察嚴防透漏亦當體
恤商情不可令其疲乏恤商正所以裕國勉力辦

五一〇　粤海關監督延豐奏折　報告到粤接任日期（嘉慶九年七月二十六日）

理欽此奴才跪讀之下凛
恩訓之詳明益誠服而滋懼惟有恪遵
諭旨於進出貨物嚴密稽查以防透漏於商夷貿易
隨時體恤以佈懷柔事事留心勉力籌辦不敢
稍有懈忽以冀
國課充裕上副
高厚鴻慈於萬一至各款錢糧容奴才查收清楚另
行具
奏所有奴才到粤接印任事日期除另疏

五一〇　粤海關監督延豐奏折
報告到粤接任日期
(嘉慶九年七月二十六日)

題報外謹繕摺恭
奏叩謝
天恩伏乞
皇上睿鑒謹
奏
實心勉力裕國通商一切要務隨時密奏
朕常服食檳榔汝可隨時具進再二阿哥處不
可多送禮物些微數件尚可
嘉慶九年七月　二十六　日

五一一　粤海關監督延豐奏折

報告接收關庫錢糧數目

(嘉慶九年八月二十一日)

奴才延豐跪

奏爲接收粤海關庫錢糧數目緣由仰祈

聖鑒事竊准前任監督三義助造册移交税課款項

並庫貯銀兩奴才逐款查核乙丑年分關税自

嘉慶八年四月二十六日起至九年四月二十

五日止一年期滿大關各口共征收銀一百五

十五萬五千五百八十六兩零又收回商捐川

楚凱旋

賞賚案内繳完銀五萬兩共銀一百六十萬五千五

百八十六兩零除支銷通關經費銀三萬四千
三百九十六兩零又各口已征未經解到銀五
萬一千七百三十八兩零又借墊商捐銜工銀
十五萬兩又找解四川餉銀四十四萬二千七
百九十七兩零又奉撥豫省銜工銀一百萬兩
除在藩庫借支銀四十萬兩外計撥關税銀六
十萬兩又前借湊撥銜工案内解還藩庫銀八
萬兩又洋商未完進口夷税銀二十三萬一千
六百六十六兩零實在存庫銀一萬四千九百

八十七兩零另存平餘罰料銀三千七百九十九兩零丙寅年分關稅自嘉慶九年四月二十六日起至七月二十五日止計三個月大關各口共征銀九萬七千四百一兩零除支銷通關經費銀五千三十兩零各口已征未經解到銀二千一百五十五兩零又洋商未完進口夷稅銀七萬九百二十八兩零實在存庫銀一萬九千二百八十七兩零另存平餘罰料銀七十九兩零以上稅課欵項並存庫銀兩數目均屬相

五一一 粤海關監督延豐奏折

報告接收關庫錢糧數目

(嘉慶九年八月二十一日)

符內洋商未完乙丑年分夷税例應滿關後六

個月征齊奴才依限勒催按夘完納其各口已

征未經解到銀兩一并飛催趕解以期清欵所

有奴才接收關庫錢糧緣由除循例恭疏

題報外理合繕摺具

奏伏乞

皇上睿鑒謹

奏

知道了

嘉慶九年八月　　二十一　　日

五一二 粤海關監督延豐奏折

報告關税收支扣解數目并起解飯食等銀兩(嘉慶九年十月二十九日)

奴才延豐跪

奏為奏明乙丑年分關税分别收支撥解扣還數目並起解飯食等銀仰祈

聖鑒事竊照粤海關每年起解正雜銀兩例應專摺

奏報兹查乙丑年分關税自嘉慶八年四月二十六日起至九年四月二十五日止一年期内大關各口共征銀一百五十五萬五千五百八十六兩四錢五釐業經前監督三義助恭摺

奏明在案茲届
奏銷之期應將收支撥解扣還數目分晰造報查
乙丑年分共征銀一百五十五萬五千五百八
十六兩四錢五釐内正項盈餘銀九十七萬九
千六百五兩五錢除循例支出銀四萬兩銅斤
水脚銀三千五百六十四兩移交藩庫取有庫
收送部查核尚存正羨銀九十三萬六千四十
一兩五錢又雜羨銀五十七萬五千九百八十

五一二　粵海關監督延豐奏折

報告關稅收支扣解數目并起解飯食等銀兩（嘉慶九年十月二十九日）

兩九錢五釐除支出通關經費養廉工食及鎔銷折耗等銀四萬二千六百九十七兩三錢七分又支出解交造辦處裁存脩貢銀五萬五千兩又支出動支報解水脚銀四萬九千九百一十七兩八錢一釐部科飯食銀三萬八千六百九十七兩六錢五分五釐尚存雜羨銀三十八萬九千六百六十八兩七分九釐共存正雜盈餘銀一百三十二萬五千七百九兩五錢七分

五一二 粤海關監督延豐奏折 報告關税收支扣解數目并起解飯食等銀兩(嘉慶九年十月二十九日)

九釐内除前奉
諭旨撥解四川省餉用銀一百萬兩一案除上屆解
京銀内沿途截解外計找撥川餉銀四十四萬
二千七百九十七兩三錢六分三釐又洋商捐
輸衡工改解陝西餉用銀二十萬兩一案除現
繳銀五萬兩
奏明在於關税内借墊銀十五萬兩尚存正雜盈
餘銀七十三萬二千九百一十二兩二錢一分

五一二　粤海關監督延豐奏折

報告關税收支扣解數目并起解飯食等銀兩(嘉慶九年十月二十九日)

六釐嗣又奉撥豫省工次應用銀一百萬兩緣
彼時税餉尚未征齊當經前監督三義助恭摺
奏明先湊撥銀六十萬兩並於藩庫借支銀四十
萬兩湊足解往俟征齊關税儘數解還再有不
敷於接征丙寅年分關税劃足清款等因欽奉
硃批准行在案除前項應存盈餘銀七十三萬二千
九百一十二兩二錢一分六釐内湊撥銀六十
萬兩同借支藩庫銀兩委員解往豫省交收應

用外尚存銀一十三萬二千九百一十二兩二
錢一分六釐今已全數征齊連動支報解水脚
銀四萬九千九百一十七兩八錢一釐另款平
餘罰料截曠銀八千六百九十二兩三錢一分
三釐又另案洋商前在癸亥年分關税墊解川
楚凱旋賞賚今繳還初限銀五萬兩共銀二十
四萬一千五百二十二兩三錢三分一幷支出
儘數解還藩庫尚欠銀一十五萬八千四百七

十七兩六錢七分查解部稅銀每千兩向有加
平小封銀一十五兩添入鞘内今查找撥四川
餉銀四十四萬二千七百九十七兩三錢六分
三釐内緣本案奉撥關稅尚有沿途截解上年
解京銀兩由江西省多截解四川銀一十五萬
二千九百六十七兩七錢五分五釐復經江西
省在於前項找解四川銀内截留照數劃回解
部實止找解四川餉銀二十八萬九千八百二

十九兩六錢八釐連湊撥豫省工用銀六十萬兩並扣還藩庫各欵通共銀一百一十三萬一千三百五十一兩九錢三分八釐其加平小封毋庸添入計溢出小封銀一萬六千九百七十兩二錢七分九釐亦支出湊還藩庫尚不敷銀一十四萬一千五百七兩三錢九分一釐奴才遵照原奏在於現征丙寅年分税銀内找足清欵此項加平小封應支存入於丙寅年分

五一二　粤海關監督延豐奏折

報告關税收支扣解數目并起解飯食等銀兩(嘉慶九年十月二十九日)

奏銷報解其洋商借支捐輸衡工改解陝西備用
銀兩應存加平小封請俟洋商按限繳還隨鞘
解部以清款項所有乙丑年分存解正雜盈餘
及動支報解水脚並另款平餘小封等銀均已
全數支撥完解訖尚存應解部科飯食銀三萬
八千六百九十七兩六錢五分五釐應解造辦
處裁存備貢銀五萬五千兩又另款洋商備繳
辦貢銀五萬五千兩共銀十四萬八千六百九

十七兩零塡具文批定於嘉慶九年十一月初
二日委員起解前赴户部造辦處分別交納再
查平餘罰料截曠銀兩係遵照户部
奏准於奏銷盈餘摺内按數剔除入於本案報銷
不歸併盈餘項下合并聲明除照例恭疏具
題外謹將乙丑年分關稅收支撥解扣還數目並
起解飯食等銀恭摺具
奏伏乞

皇上睿鑒敕部核覆施行謹

奏

戶部知道

嘉慶九年十月　二十九　日

五一三　粤海關監督三義助奏片　報告關税銀兩支存數目（嘉慶九年）

奴才三義助跪

奏再查粤海關現征乙丑年分關税大關各口約
征銀一百五十餘萬兩内除例解藩庫及留支
通關經費等項共需銀二十三萬餘兩又除前
奉
諭旨找撥四川省銀四十四萬餘兩又除洋商借捐
衡工銀一十五萬兩外約止存銀七十餘萬兩
今奉撥銀一百萬兩尚不敷銀二十餘萬兩奴
才悉心籌酌現在先行湊撥一百萬兩解往應

五一三　粤海關監督三義助奏片

報告關税銀兩支存數目（嘉慶九年）

用其借支藩庫銀四十萬兩俟滿關後六個月

陸續征齊儘數解還再有不敷于接征丙寅年

分關税銀内劃足清款合併附片陳明謹

奏

户部知道

五一四　兩廣總督那彥成奏折

英國呈進表貢已傳諭遵守禁令并澳門加强防範(嘉慶十年三月十三日)

奴才那彥成
奴才延豐跪

奏為𠸄咭唎國呈進表貢接奉

廷寄恭摺覆

奏仰祈

聖鑒事竊奴才等接奉

上諭據倭什布等奏𠸄咭唎國呈進表貢請旨遵行

一摺自應照例賞收着那彥成等即行查照辦理

各等因欽此奴才等當即欽遵

諭旨傳諭夷目諭以該國王呈進表貢業荷

五一四　兩廣總督那彦成奏折

英國呈進表貢已傳諭遵守禁令并澳門加强防範（嘉慶十年三月十三日）

大皇帝賞收并諭以
大皇帝君臨萬國
恩被四表無論内地外夷均係
大皇帝百姓即如汝國鐘表呢羽等物原非中國必
需之物所以准汝國貿易通商者皆出
大皇帝垂憐外夷子民一視同仁之恩此次汝國王
恭進表貢
大皇帝鑒汝等恭順之心
諭令賞收又

諭令我等大人們好生恩待汝等并管束内地商人
平允交易汝國來此貿易之人亦須安分謹遵
禁令毋得有違將進到表貢委官恭送進京再
降恩旨至汝國王子大臣等與中國中堂大人們書
信禮物
天朝法度森嚴大臣從無外交之事汝等帶來禮物
斷不必送出惟所帶書信[甚是]必須交出我大人們
也不敢私自拆閱將原封恭呈
大皇帝御覽再請

五一四　兩廣總督那彥成奏折

英國呈進表貢已傳諭遵守禁令并澳門加强防範(嘉慶十年三月十三日)

發回至汝國管理貿易頭人不過專爲汝國貿易事
務並無別項面見稟議事件只須在此好好管
束汝國之人不得違禁生事自來中國大人從
無私謁私見之例我大人們謹遵
大皇帝恩旨體恤夷商管教內地民商公平貿易就
是了汝等須知
天朝法度須感
大皇帝之恩等語明白曉諭該夷目等人人額慶歡
忭叩頭感服伏查外洋各國夷人見小圖利中

國布帛茶葉等物亦其日用急需各夷國又自
互相釁觸是以生恐别夷國間其往來貿易其
書信因從前未經收受是以帶回澳門令奴才
等明白宣諭伊等呈出原封書信禮單奴才等
又將副本令人譯出清稿一并呈
覽查各國洋船向來灣泊均有一定處所澳門離省
三百餘里係西洋夷人常川居住向止准西洋
夷船二十五隻更替貿易其餘各國夷船例應
收泊黄浦欲收黄浦必須先進虎門虎門離省

五一四　兩廣總督那彦成奏折
英國呈進表貢已傳諭遵守禁令并澳門加强防範(嘉慶十年三月十三日)

一百六十里山岸陰沙自然天險其護貨兵船祇准在虎門外之潭仔零丁等洋面灣泊而黄浦虎門潭仔零丁等處層層砲臺常川均有兵船巡防該夷船收浦時奴才等兩衙門仍派有武弁關役彈壓稽查立法極為周備至各國夷商俱無兵船惟咦咭唎國貨船有兵護送而該國商船亦無兵船亦惟其國王貨船始有兵船四隻護送其兵船在虎門外交易後隨同貨船回國不准少有逗留奴才等兩衙門亦派有兵

五一四　兩廣總督那彥成奏折

英國呈進表貢已傳諭遵守禁令并澳門加强防範(嘉慶十年三月十三日)

役防送其餘各夷國貨船内均有炮火器械自
資防範於例原准攜帶至該國原表稱歡喜効
力等語隱躍其詞誠如
聖諭自係閒洋面不靖或需伊等出力之意查夷人
不過沾沾計利即如上年澳門夷目願備兵船
二隻幫同師船出洋緝捕奴才延豐即以體制
汝竟有識見
不符且不能得力與倭什布議以後停止夷船
勝於三義助多矣
協捕於本年正月會
奏在案而此二隻洋船迄今無踪亦實無遺風失

事等事細揣其情形不過藉協捕為名可以免
此二船出入納稅而唉咭唎國自亦得聞此事
希冀效尤免稅又恐澳門夷船出力有功或待
彼國冷淡其意不過如此至各該國夷船船隻
既大多載炮火向來洋盜俱不敢搶劫澳門等
要處又有師船巡防不致少有疎失可以無虞
聖念惟海疆要地各外夷接壤最多洋面不靖令外
夷亦有風聞奴才等或身任封圻或職司闗鑰
急切辦理不能得手晝夜圖維同深憤恨惟有

五一四　兩廣總督那彦成奏折　英國呈進表貢已傳諭遵守禁令并澳門加强防範(嘉慶十年三月十三日)

同心協力務靖洋氛惠商安民以仰副
皇上柔遠安良之意所有表貢另行專員齎進外謹
先將該國所寄各書信禮單并譯出清稿封呈
御覽所有奉到
諭旨復查遵照各情節謹先恭摺合詞具
奏謹
奏
另有旨
嘉慶十年三月　　十三　　日

五一五 粤海關監督延豐奏折

報告一年期滿經征關税數目
（嘉慶十年五月十九日）

奴才延豐跪

奏爲恭報經征關税一年期滿數目仰祈

聖鑒事竊照粤海關征收正雜銀兩向例一年期滿

先將總數

恭疏具

奏明俟查核支銷確數分款造册委員解部另行

題歷年遵照辦理嘉慶四年欽奉

上諭向來各關征税於正額之外將盈餘一項比較

上三屆征收最多年分如有不敷即着經征之員

賠補以致司榷各員藉端苛斂而賠繳之項仍未
能如數完交徒屬有名無實因思各關情形不同
所有盈餘數目自應酌中定制以歸核實而示體
恤已於户部所奏各關盈餘銀數清單内經朕查
照往年加多之數分別核減自此次定額之後倘
各關每年盈餘於新定之數再有短少即行着落
賠補如於定數或有多餘亦即儘收儘解其三年
比較之例着永行停止並奉
欽定粵海關盈餘銀八十五萬五千五百兩欽此欽

五一五　粤海關監督延豐奏折

報告一年期滿經征關税數目
（嘉慶十年五月十九日）

遵各在案茲查丙寅年分關税前監督三義助任内自嘉慶九年四月二十六日起至七月二十五日止計三個月大關各口共征銀一十一萬二千二百七十七兩七錢四分八釐奴才接管任内自七月二十六日起至十年四月二十五日止計九個月大關各口共征銀一百五十二萬九千六百九十四兩二分統計一年期内共征銀一百六十四萬一千九百七十一兩七錢六分八釐核與

五一五 粵海關監督延豐奏折
報告一年期滿經征關稅數目
(嘉慶十年五月十九日)

欽定盈餘銀數計溢收銀七十八萬六千四百七十
一兩零較上屆乙丑年分征銀一百五十五萬
五千五百餘兩之數多收銀八萬六千三百餘
兩除將到關船隻貨物粗細造冊送部核對外
所有經征關稅一年期滿數目理合恭摺具
奏伏乞
皇上睿鑒謹
奏
戶部知道
嘉慶十年五月　十九　日

五一六　兩廣總督那彦成奏折

英咭利國呈案中堂書信并夷船協緝情形(嘉慶十年六月初六日)

那彦成等

奏

廣東咦咭唎國呈寄中

堂書信並夷船協緝

情形

六月二十八日

奴才那彦成

奴才延　豐跪

奏為呈

覽寄奏仰祈

聖鑒事竊奴才等接回欽奉

上諭那彦成等寄奏咦咭唎國呈進貢表一摺覽奏俱

五一六　兩廣總督那彦成奏折
英咭利國呈案中堂書信并夷船協緝情形（嘉慶十年六月初六日）

惟但查所譯寄天朝中堂書信其語意似專向一人而言
並非公行普告加以詢問究竟書內所指中堂係屬何人等
因欽此叩等跪讀之下仰見
皇上睿慮周詳曷勝欽佩即飭洋商等傳諭該夷目令
其將該國所寄
天朝中堂之信究係寄與何人不妨明白指出
大皇帝亦不加責備但不可稍有掩飾並着
面諭以
天朝大學士不止一人皆在朝辦事從無外交不比搃督監督
專管汝國來往事件之人此後爾國隨目不得再有寄
皇中堂大人們書函禮物等據洋商等稟稱該夷目

五一六　兩廣總督那彦成奏折

英咭利國呈案中堂書信并夷船協緝情形（嘉慶十年六月初六日）

復稱本國僻處重洋實不知
天朝有幾位中堂亦不知中堂名姓亦不通照常辦理是以所
寄書函並無專指姓名等語
諭令即速寄知本國嗣後不敢再行呈寄中堂信物等語
並譯出名字詞語極為恭順奴才等復加查核所稱不
知中堂名姓書寫並無專指之處似屬可信至澳門
夷目願備兵船協同緝捕一節前欽奉
諭旨即將嗣後永遠停止及出洋來回之二隻船檢查下落
緣由附片具
奏在案茲據澳門夷目胡湛等稱上年隨同師船出洋
捕盜夷船二隻均于五月內次第回澳即諭令嗣後不

五一六　兩廣總督那彥成奏折

英咭利國呈案中堂書信并夷船協緝情形(嘉慶十年六月初六日)

必再請協捕當即歸欵營生照常貿易是該二英

船祇如

聖諭並非認真出力不過借緝捕爲名其實影射營運以冀

漏稅地步奴才等惟有留心查察嗣後倘該夷目等

再有呈請俱不露聲色止不許其請亦不道破其情弊

俾各夷船安心貿易以示懷柔而昭體制所有遵

旨辦理緣由謹繕摺覆

奏伏乞

皇上聖鑒謹

奏

嘉慶十年六月二十八日奉

硃批知道了欽此

六月初六日

五一七　粤海關監督延豐奏折

報告關税支銷存解數目

（嘉慶十年十月二十九日）

奴才延豐跪

奏爲起解關税盈餘銀兩數目循例恭摺具

奏仰祈

聖鑒事竊照粤海關每年起解正雜銀兩例應具摺

奏報兹查丙寅年分關税前監督三義助管理任

内自嘉慶九年四月二十六日起至七月二十

五日止計三個月共征銀一十一萬二千二百

七十七兩七錢四分八釐奴才接管任内自嘉

慶九年七月二十六日起至十年四月二十五

五一七　粵海關監督延豐奏折

報告關稅支銷存解數目
（嘉慶十年十月二十九日）

日止計九個月共征銀一百五十二萬九千六
百九十四兩二分兩任一年期内共征銀一百
六十四萬一千九百七十一兩七錢六分八釐
業經恭摺
奏明在案兹當委員起觧應將收支實數分晰造
報查丙寅年分共征銀一百六十四萬一千九
百七十一兩七錢六分八釐内正項盈餘銀一
百萬二千七百四十三兩八錢八分一釐除循
例支出銀四萬兩并銅斤水脚銀三千五百六

十四兩移交藩庫取有庫收送部查核又前奉
諭旨湊撥豫省工用銀一百萬兩一案因上屆乙丑
年分關稅不敷在於藩庫借支湊解應於丙寅
年分歸還藩庫銀一十四萬一千五百七兩三
錢九分一釐業於乙丑年分
奏銷案內聲明又上年洋商捐造本省米艇一案
在於關稅銀內借墊銀六萬兩又本年洋商捐
輸本省造船經費一案在於關稅銀內借墊銀
十二萬兩均經

五一七　粤海關監督延豐奏折

報告關税支銷存解數目

(嘉慶十年十月二十九日)

奏准動支解交藩庫尚存正羨銀六十三萬七千六百七十二兩四錢九分又雜羨盈餘銀六十三萬九千二百二十七兩八錢八分七釐內支出通關經費養廉工食及鎔銷折耗等銀四萬三千八百四十二兩六錢一分二釐又支出解交造辦處裁存備貢銀五萬五千兩又支出動支報解水脚銀五萬二千二百二十一兩二錢七分部科飯食銀四萬一千三百三十四兩九錢四分五釐尚存雜羨盈餘銀四十四萬七千一百

五一七 粵海關監督延豐奏折 報告關稅支銷存解數目（嘉慶十年十月二十九日）

二十九兩六分共存解部正雜盈餘銀一百八
萬四千八百一兩五錢五分動支報解水脚銀
五萬二千二百二十一兩二錢七分部科飯食
銀四萬一千三十四兩九錢四分五釐又另案
洋商前在癸亥年分關稅墊解川楚凱旋賞賚
今繳還末限銀五萬兩又應解造辦處裁存備
貢銀五萬五千兩又另款洋商備繳辦貢銀五
萬五千兩另解平餘罰料截曠等銀八千六百
八十九兩一錢六分五釐查此項平餘等銀係

五一七 粤海關監督延豐奏折

報告關税支銷存解數目

(嘉慶十年十月二十九日)

遵照户部

奏准於奏銷盈餘摺内按數剔除入於本案報銷

不歸併盈餘項下再查解部税銀每千兩向有

加平銀十五兩添入鞘内今丙寅年分解還藩

庫借款銀一十四萬一千五百七兩三錢九分

一釐其加平銀兩毋庸添入計溢出銀二千一

百二十二兩六錢一分一釐一併另款解赴户

部至洋商借支捐造米艇並捐造船經費二案

共銀十八萬兩所有加平銀兩應請支存關庫

五一七　粤海關監督延豐奏折

(嘉慶十年十月二十九日)
報告關税支銷存解數目

俟洋商按限繳還隨鞘解部以清欵項合幷陳
明除遵例恭疏
題報外現俱按欵備具批文於嘉慶十年十月初
三日起委員分起解赴户部造辦處分別交納
謹將征收丙寅年分關税支銷存解數目循例
恭摺具
奏伏乞
皇上睿鑒謹
奏

知道了

嘉慶十年十月二十九日

五一八 粵海關監督延豐奏折

俄羅斯船隻來粵貿易請旨辦理
(嘉慶十年十月二十九日)

奴才延豐跪

奏為俄羅斯夷船来廣貿易

奏明請

旨辦理事竊照粵東澳門黃埔兩處為各島夷人貿
易聚集之所帆檣絡繹貨物殷闐夷人等仰戴
皇仁懋遷獲利不殊内地齊民然到廣常通貿易者
祇大小西洋暎咭唎咪唎堅荷蘭咈囒哂及嗹
喘等國此外洲島雖多梯航未達本年十月初
八日據澳門委員報稱有嚕咟國夷商嚕咟㖡

五一八 粵海關監督延豐奏折

俄羅斯船隻來粵貿易請旨辦理（嘉慶十年十月二十九日）

巡船一隻来至墺門等情⿰口路⿰口臣究係何國當飭
墺門同知及委員洋商等確查去後十七日復
據委員報稱又有⿰口路⿰口臣國夷船一隻商名⿰口你囋
⿰口時船上載有皮張銀子来廣貿易等語嗣據洋
商等查明⿰口路⿰口臣即俄羅斯夷音相近並據譯出
夷禀呈遞前来奴才閱核禀詞該夷船均由俄
羅斯航海而来因向来該國與
天朝通市係在
京師北口之外由該國往還俱係旱路行走艱難

五一八 粵海關監督延豐奏折

俄羅斯船隻來粵貿易請旨辦理

(嘉慶十年十月二十九日)

今由海道至廣比旱路較遠而盤費減省是以
發船来廣試做買賣其先到之嚕𠰍𡁠一船亦
帶有皮張貿易並非巡船一并懇求恩准卸貨
等情奴才伏思俄羅斯地處極北從無至廣東
貿易之事此次夷商嚕𠰍𡁠㖳嘖𠹭二夷船占
風測水衝涉重洋先後到粵籲請與各夷一體
貿易事雖𠞰始其情詞頗為恭順若不准其開
艙輸税卸貨仍令原載回帆似非仰體我
皇上柔遠懷夷之至意除循例咨明督臣派委營弁

五一八 粤海關監督延豐奏折

俄羅斯船隻來粤貿易請旨辦理

（嘉慶十年十月二十九日）

彈壓稽查並飭洋商秉公交易外但查該國向
在恰克圖地方通市相安已久今駕船至粤意
在省費圖利若竟准其以後在粤貿易則北口
貨物自必日漸稀少恐致張家口税額短絀且
該夷在恰克圖貿易情形奴才實未深悉以後
應如何辦理之處仰懇
皇上訓示遵行再督臣那彦成現在出省巡閲奴才
與之札商並與撫臣孫玉庭面商意見相同為
此合詞恭摺具

五一八 粤海關監督延豐奏折

俄羅斯船隻來粤貿易請旨辦理

（嘉慶十年十月二十九日）

奏伏祈

皇上睿鑒謹

奏

另有旨

嘉慶十年十月　二十九　日

五一九　兩廣總督吴熊光奉上諭著澳門地方西洋人除貿易外不得逗留傳教(嘉慶十年十一月十二日)

軍機大臣　字寄
兩廣總督吴　廣東巡撫孫　嘉慶十年十一
月十二日奉
上諭本日朕恭閲
皇考高宗純皇帝實録乾隆四十九年十一月内欽奉
聖諭以西洋人蔓延數省皆由廣東地方官未能稽察
防範所致向來西洋人情願進京効力者尚須該
省督撫奏明允准後遣員伴送來京何以此次羅
瑪當家竟公然分派多人赴各省傳教澳門距省甚
近地方官平日竟如聾聵毫無覺察自有應得處分
倘嗣後仍有西洋人潛出滋事者一經發覺惟該督

五一九　兩廣總督吴熊光奉上諭著澳門地方西洋人除貿易外不得逗留傳教（嘉慶十年十一月十二日）

撫是問即當重治其罪等因又奉
聖諭以孫士毅奏委員伴送西洋人德天賜等四人進
京（已敕）當差嗣後可毋庸選派俟將來人少需用之時另
行聽候諭旨等因仰見
皇考禁絶邪説訓誡嚴明至意當德天賜等進京效力
之時在京西洋人已敷當差即
諭令停止選派可見西洋人等来至内地授徒傳教為
害風俗早在
聖明鑒察之中粤省澳門地方洋船往来該國人等自
因赴廣貿易與内地民人勾結始能惑衆傳教如
果粤省稽查嚴密何至私越内地乎本年因江西

五一九　兩廣總督吳熊光奉上諭著澳門地方西洋人除貿易外不得逗留傳教(嘉慶十年十一月十二日)

省等藉為西洋人送信之陳若望及山西省民人李如接引西洋人若亞敬傳教等案業經根訊明確分別懲創嗣後著該督撫等飭知地方官於澳門地方嚴查西洋人等除貿易而外如有私行逗遛講經傳教等事即隨時飭禁勿任潛赴他省致滋煽誘其有內地民人暗為接引者即當訪拏懲辦庶知儆懼並當曉諭民人等以西洋邪教例禁綦嚴不可受其愚惑致蹈法網俾無知愚民各思遷善遠罪則西洋人等自無所肆其簧鼓即舊設有天主堂之處亦不禁而自絕此尤潛移默化之方該督撫等惟當善為經理實力稽查絕其根株正

五一九　兩廣總督吴熊光奉上諭著澳門地方西洋人除貿易外不得逗留傳教(嘉慶十年十一月十二日)

其趨向亦整風筋俗之要務也將此諭令知之欽

此遵

旨寄信前來

五二〇 粵海關監督阿克當阿奏折

報告接收庫貯錢糧數目

(嘉慶十年十一月十七日)

奴才阿克當阿跪

奏為接收交代庫貯錢糧數目緣由恭摺奏

聞仰祈

聖鑒事竊准前任監督延豐移交税課款項並庫貯銀兩奴才按册逐款查核丙寅年分關税自嘉慶九年四月二十六日起至十年四月二十五日止一年期内大關各口共徵收銀一百六十四萬一千九百七十一兩零内除解交藩庫正額并銅斤水脚銀四萬三千五百六十四兩又

五二〇　粵海關監督阿克當阿奏折

報告接收庫貯錢糧數目（嘉慶十年十一月十七日）

除支銷通關經費銀一十九萬二千九十八兩
零又前奉湊撥豫省工用銀兩在於藩庫借支
湊解案内歸還藩庫銀一十四萬一千五百七
兩零又借墊洋商捐造米艇經費二案共銀一
十八萬兩外計存正雜盈餘銀一百八萬四千
八百一兩零又存洋商借捐川楚凱旋
賞賚案内繳還末限銀五萬兩另存平餘罰料截曠
銀八千六百八十九兩零動支報解水脚銀五
萬二千二百二十一兩零部飯食銀四萬一千

五二〇　粤海關監督阿克當阿奏折

報告接收庫貯錢糧數目
（嘉慶十年十一月十七日）

三十四兩零又觧還藩庫借款案内溢出小封
銀二千一百二十二兩零又内務府備貢銀五
萬五千兩洋商備繳辦貢銀五萬五千兩以上
丙寅年分共存觧銀一百三十四萬八千八百
六十九兩零並内務府發交東珠及五等玉變
價銀三萬一千八百七十九兩零造辦處發交
玉子等變價銀一千六百七十五兩零通共存
觧銀一百三十八萬二千四百二十四兩零業
經前任監督延豐恭摺

五二〇　粤海關監督阿克當阿奏折

報告接收庫貯錢糧數目

（嘉慶十年十一月十七日）

奏明於本年十月初三等日委員分批起解除前
監督延豐任内解過正襍盈餘銀八十六萬兩
赴部交納外尚存庫銀五十二萬二千四百二
十四兩零又丁卯年分關稅自嘉慶十年四月
二十六日起連閏至十一月初三日止計七個
月零八日大關各口共徵銀五十萬八千五百
三十九兩零除支銷通關經費銀一萬七千五
十二兩零各口已徵未經解到銀一萬一千六
百四兩零又洋商未完進口夷稅銀二十九萬

五二〇　粵海關監督阿克當阿奏折　報告接收庫貯錢糧數目（嘉慶十年十一月十七日）

七千五百二十六兩零實存庫銀一十八萬二千三百五十六兩零另存平餘銀五百八十六兩零以上稅課款項並存庫銀兩數目均屬相符內洋商未完丁卯年分夷稅例應滿關後六個月徵齊起觧奴才仍遵照舊定章程按限督催依期清款不敢稍滋貽悞除循例恭疏

題報外理合繕摺具

奏伏乞

皇上睿鑒謹

五二〇　粤海關監督阿克當阿奏折（嘉慶十年十一月十七日）

報告接收庫貯錢糧數目

奏

實心任事勿耽聲色非但悞公于身子也無益儘收儘解不可巧取嚴察家人更要緊

貢物遵循舊例不必增添一切勉之

惟梹榔一项朕時常服用每次隨貢呈進毋悞

密奏一摺字字確切可嘉之至以後常如此留

心隨時具摺密奏

嘉慶十年十一月　十七　日

五二一　兩廣總督那彥成奏折

俄羅斯船隻來廣貿易不便準行
(嘉慶十年十一月二十二日)

兩廣總督奴才那彥成跪

奏為俄羅斯夷船來廣貿易不便准行恭請（甚是）

聖訓事竊奴才于陸豐途次接准前任監督臣延豐咨

商本年十月內有咯咥國即俄羅斯夷商嚕咥

噸[口你]囋𠹭二船載有皮張銀子來廣貿易該監

督因該國向與

天朝通市係在

京師北口之外由旱路行走今由海道至廣試做

買賣事雖剏始其籲請情詞頗為恭順若不准

五二一　兩廣總督那彥成奏折
俄羅斯船隻來廣貿易不便準行
（嘉慶十年十一月二十二日）

其開艙輸稅卸貨似非懷柔遠人之道是以咨
商奴才會銜具
奏伏思俄羅斯僻在極北彼處所需要者中國所
產大黃向止許其在恰克圖一帶通市國雖強
大實因此制其生命今請來廣貿易恐奸商貪
所見甚是
利稽察稍疎大黃不難多得且來往熟悉海道
及內地情形殊非好事奴才正在議駁間適接延
豐來字以新任監督阿克當阿抵粵延豐即日
交卸印務奏報啟程已將此案事宜列奴才之銜

五二一　兩廣總督那彥成奏折

俄羅斯船隻來廣貿易不便準行

（嘉慶十年十一月二十二日）

具摺拜發奴才接信後已阻止不及因飛札與新

任監督暫止其開艙卸貨以免日後滋弊查乾

是汝之福

隆五十三四年間松筠奉

派專辦恰克圖通市之事奴才粗能記憶未知其詳應請

旨飭軍機處查明准駁再行辦理為此恭摺具

奏伏候

皇上睿鑒訓示謹

奏

另有旨

嘉慶十年十一月　二十二　日

五二二 兩廣總督吴熊光奉上諭

著曉諭俄羅斯商人該國貿易向有定界不可輕易舊章(嘉慶十年十二月十五日)

軍機大臣 字寄

兩廣總督吴 嘉慶十年十二月十五日奉

上諭本日據那彥成奏前於廣州灣攻捕賊匪時搜出賊匪鄭文顯等約單一紙字句狂悖此次在潮州詢問解到之入伍之黄德興等據稱盜匪鄭文顯等多係安南阮光平舊人自其子為阮福映所併有號稱安南三太子者竄匿各幫各頭目皆十分崇敬商欲扶伊奪取安南又因安南自寶興破後都無所歸蔡牽獨為富足臺灣汎兵不能當彼現在與蔡牽並朱濆等約會合幫等語從前安南阮

五二二　兩廣總督吳熊光奉上諭

著曉諭俄羅斯商人該國貿易向有定界不可輕易舊章（嘉慶十年十二月十五日）

光纘窩盜分贜各幫盜船藉為逋逃之藪本屬確鑿此時安南滅亡各盜船無所依附見有遺孽竄匿盜船羣相附從欲圖攻取越南以為報復之計又因一時寄泊無所欲與蔡牽等合幫思向臺灣滋擾此等情事均難保其必無著吳熊光密為留意此時惟當嚴飭出海兵船上緊勦捕并嚴飭各處口岸一律防範斷其接濟之路使之坐困重洋窮無所往並當密速行文知照越南以現在廣省獲盜首訊出有號稱安南三太子者帶有人數百竄入盜匪幫內各盜頭目如鄭文顯即鄭一妻有

五二二　兩廣總督吴熊光奉上諭

著曉諭俄羅斯商人該國貿易向有定界不可輕易舊章(嘉慶十年十二月十五日)

金即烏石二吳智清即東海伯梁寶即揔兵保郭學憲即亞婆帶李相清即金牯養多係從前阮光平舊人現在欲想扶助報復為奪取越南之計因去年攻打該國東京不勝今年復約會蔡牽朱濆仝到西路會帮尔國不可不預為防備至前開鄭文顯等各犯係有名劇盜現在天朝指名查拏不容漏網設有竄至尔國地方經尔國拏獲者訊明之後不可擅行誅戮可即傳送天朝歸案辦理大皇帝必倍加恩奬因尔國恭順有素特行知照俾得預為籌備等語諒該國王接奉知照自

五二二　兩廣總督吳熊光奉上諭

著曉諭俄羅斯商人該國貿易向有定界不可輕易舊章（嘉慶十年十二月十五日）

必一體防範於緝捕更為有益又那彥成另摺奏續收投誠各起分別辦理一摺據稱又有盜匪任誠發譚亞辰張亞秋及羅友等帶領盜男婦三百餘名前來投首並稱譚亞辰等在烏猪外洋見有風飄兵船一隻被賊搶奪正在危急之時赶上將賊船打散救取官兵當經訊取所救船內之弁兵人等供亦相符等語該盜匪等因見兵船被風危急上前趕救既據查詢確鑿尚有微勞與尋常投誠者自有區別譚亞辰任誠發張亞秋著加恩賞給額外外委以示鼓勵其餘投誠各犯既經那彥

五二二　兩廣總督吴熊光奉上諭

著曉諭俄羅斯商人該國貿易向有定界不可輕易舊章(嘉慶十年十二月十五日)

成准行此時亦不便再行駁飭惟當分投散遣妥
為安插勿任生事又那彥成另片奏稱現據提督
錢夢虎等咨報有鹿州灣等處各盜匪皆紛紛情
願投首俟報到時斟酌辦理等語辦理洋盜斷不
可用招撫之策節經降旨甚明吴熊光務即將那
彥成派往購線之委員等即行撤回不可出示招
撫惟當專意勦辦使之無所容身如有實
係畏罪歸誠者方可量寬一線但不得遣人招致
吴熊光係現任該省總督既已到省即當接印視
事伊係前月十八日到省那彥成此奏係前月二

五二二　兩廣總督吳熊光奉上諭

著曉諭俄羅斯商人該國貿易向有定界不可輕易舊章（嘉慶十年十二月十五日）

十三日所發豈尚不得吳熊光到省之信此旨到日那彥成自當早已交篆如尚未交即吳熊光即當前赴惠潮一帶接篆任事將現在投誠已到未到各盜犯詳細斟酌妥為辦理一面將那彥成傳旨解任飭令即行進京候旨吳熊光仍遵照前降諭旨將交查那彥成參等各款蹟詳細確查據實具奏所有應行質訊之處現有廣厚在彼無難訊問得實也再那彥成奏先准延豐咨商有嚕唯國即俄羅斯商船二隻載有皮張銀兩來廣貿易應准開艙輸稅咨商會銜具奏那彥成正在議駁間

又接延豐來字以新任監督阿克當阿抵粵延豐即日交卸務起程已將此案事宜會銜具奏那彥成阻止不及因飛札與新任監督暫止開艙卸貨以免日後夤滋弊各等語此事前據延豐奏到朕即以伊等所辦甚屬粗率傳旨申飭並將延豐議處那彥成孫玉庭均交部察議諭令吳熊光即查明該商船如尚未卸貨即令停止納稅奏聞候旨遵行茲那彥成奏俄羅斯僻在極北向止許在恰克圖一帶通市今請來廣貿易恐奸商貪利私售且來往熟悉海道及內地情形亦多未便等語那

五二二　兩廣總督吳熊光奉上諭著曉諭俄羅斯商人該國貿易向有定界不可輕易舊章(嘉慶十年十二月十五日)

五二二　兩廣總督吳熊光奉上諭著曉諭俄羅斯商人該國貿易向有定界不可輕易舊章(嘉慶十年十二月十五日)

彥成辦理此事與朕意適符所見甚是那彥成有此
一節可嘉其在粵東總督任內所獲各罪愆將來
議上時朕尚可加恩末減現在那彥成業已飛札
阿克當阿止其開艙卸貨吳熊光應即會同阿克
當阿曉諭該商以爾等商船來廣貿易現經總督
奏明奉有大皇帝諭旨以爾國向止在恰克圖通
市貿易本有一定界限不可輕易舊章著即將船
隻貨物駁回本國不許在廣逗留並著吳熊光迅
飭沿海各口岸或該商駛往別處海口懇求通市
均一體駁回並著嗣後嚴密稽查如各海口有似

五二二　兩廣總督吴熊光奉上諭著曉諭俄羅斯商人該國貿易向有定界不可輕易舊章(嘉慶十年十二月十五日)

此越界欲求通市者俱實力禁止免滋事端將此
由四百里諭令知之所有那彥成奏到各摺片一
併發交閲看欽此遵
旨寄信前來

五二三　兩廣總督吴熊光奏折

俄羅斯船隻來粤貿易現飭令回國(嘉慶十年十二月十八日)

奏為奏

聞事本年十月内有路咂國即俄羅斯夷商嚕咂噸

[口你]囋[口侍]二船来粤貿易前監督臣延豐因該國

向未發船来粤通市此次係屬創始時那彦成

前往惠潮一帶先經札商具

奏嗣延豐以交卸在即因該商等情詞恭順不便

阻其開艙輸税當經批准進埔一面即會銜具

摺請

旨遵辦隨經那彦成以該國向與

五二三 兩廣總督吴熊光奏折 俄羅斯船隻來粵貿易現飭令回國(嘉慶十年十二月十八日)

天朝通市係在
京都北口之外由旱路行走祇在恰克圖一帶貿易今由海道至粤恐其熟悉海道及内地情形因札致新任監督臣阿克當阿止其開艙卸貨
復經具
奏在案緣那彦成未奏之前延豐因經
奏明又有西成行商人黎顔裕承保已將貨物起卸迨阿克當阿到任後始接准那彦成札會隨
諭飭現經具奏請
旨應俟

五二三　兩廣總督吳熊光奏折

俄羅斯船隻來粵貿易現飭令回國（嘉慶十年十二月十八日）

硃批到日方准放關茲據該商等稟據夷商稟稱本
國地處極北若過此時風颿遂致阻滯一年叩
求早賜紅牌放關開行如開行之後奏到
大皇帝諭旨乞交暎咭唎國留粵大班代寄回國欽
遵辦理情詞甚為懇切經阿克當阿咨商到臣
伏查那彥成所奏因事屬創始原為慎重海洋
起見第該商等遠赴重洋貿易貨物業經起卸
海洋風信靡常若俟奉到
諭旨方准開放設致船隻阻隔經年既非體恤遠夷
之道並恐該國因阻其貿易心生疑畏亦多未

便臣與孫玉庭及阿克當阿再四籌商不敢拘
泥等待擬即准其開船回國惟嚴查該商船毋
許夾帶內地應禁貨物以免滋生弊端此後准
其貿易與否應俟奉到
諭旨欽遵辦理所有該夷船現在飭令回國緣由理
合恭摺奏
聞伏乞
皇上睿鑒訓示謹
奏
另有旨
嘉慶十年十二月　十八　日

五二二三　兩廣總督吴熊光奏折　俄羅斯船隻來粤貿易現飭令回國(嘉慶十年十二月十八日)

五二四　兩廣總督吴熊光奏折

查明路臣國來廣貿易情形
(嘉慶十年十二月二十七日)

兩廣總督臣吴熊光
粤海關監督臣阿克當阿跪

奏爲查明路哂國來廣貿易情形遵
旨具
奏事本年十二月二十五日接准軍機大臣字寄
奉
上諭令臣等查明路哂國夷船貨物尚未卸完且暫
停納税或已卸貨物納税尚未駛回即詳悉究詢
該國是否俄羅斯該國從未到粤一切海道沙線

五二四 兩廣總督吴熊光奏折

查明路臣國來廣貿易情形
(嘉慶十年十二月二十七日)

因何認識該夷船從本國開駛之後經由幾國是
否由别國導引而来其導引者又係何國所帶貨
物是否私自置辦牟利抑係該國王遣令貿易均
當一一詢明並將夷稟由驛具奏將来如有此等
外洋夷船来廣懇請貿易之處當詳細詢明一面
奏聞候旨遵行等因欽此仰見我
皇上撫馭遠夷之道
智周鑒遠坐照如神臣等實深欽服懃悚之至伏查

五二四　兩廣總督吴熊光奏折

查明路臣國來廣貿易情形

（嘉慶十年十二月二十七日）

路唓國夷船來廣先經監督臣延豐批准進浦

一面具摺奏

聞嗣喻嚽嘝一船先行起卸貨物延豐隨即進京臣

阿克當阿接任時尚未接到那彦成停止卸貨

文移因事同一例未便兩歧亦准嚕唓嘣將貨

物起卸隨諭知現在業經具奏應俟奉

旨遵行旋據該洋商轉據該夷商禀稱該國地處極

北若遅逾風帆便要阻滯一年叩求早賜紅單

五二四　兩廣總督吴熊光奏折　查明路臣國來廣貿易情形
（嘉慶十年十二月二十七日）

放關情詞甚爲懇切當向臣吴熊光咨商臣吴
熊光以此事既經具奏自應候
旨遵行當囑臣阿克當阿傳諭洋商向該商再四曉
諭該夷商總求早賜放關復恐洋商等所禀未
可盡信臣阿克當阿復親至黄浦傳該夷商面
爲開導惟有叩求早令歸國其情形甚露焦急
臣等復與孫玉庭彼此籌商因思撫恤外夷自
應示之以信既經准其卸貨似又未便久阻歸

五二四　兩廣總督吴熊光奏折

查明路臣國來廣貿易情形

（嘉慶十年十二月二十七日）

期致失懷柔遠人之意是以於十八日具
奏即於十九日准令開船駛行兹於二十五日接
奉
諭旨當即傳到洋商逐細詢問據稱係該夷商告知
暎咭唎國夷人轉告衆商譯出漢字實係俄羅
斯國俱屬自行合夥来廣貿易並非該國王遣
来向来外洋駛駕船隻俱按照方向圖式即可
到粤毋庸導引之人至所載貨物均經報税有

五二四　兩廣總督吴熊光奏折

查明路臣國來廣貿易情形
(嘉慶十年十二月二十七日)

單所販貨物係茶葉磁器並無違禁物件等語
臣等查外夷貿易向有一定地界從前暎咭唎
國因與浙閩相近叩關納貢懇至浙江通市曾
屢蒙駁飭今路咟國來粤貿易原應遵照定例
即行駁回即或念其遠涉重洋情詞恭順亦應
立即具奏恭候
諭旨飭遵乃該夷船於十月初八十七等日先後進
口至二十九日延豐始行入奏又復先行准卸

五二四　兩廣總督吴熊光奏折

查明路臣國來廣貿易情形
（嘉慶十年十二月二十七日）

貨物雖檢查原奏當據報之初曾批飭不准進
浦後因懇求迫切始行允准但於交涉外夷創
始事件並不慎重辦理實屬粗率咎無可辭臣
阿克當阿因延豐已准一船起卸貨物尚未接
到那彦成移知亦即准其卸載跪讀
諭旨愧悚難名應請將臣阿克當阿交部議處臣吴
熊光與撫臣孫玉庭未經詳查明確遽准其開
船回國亦請一併交部議處所有起卸貨物清

五二四 兩廣總督吴熊光奏折
查明路臣國來廣貿易情形
(嘉慶十年十二月二十七日)

單並該夷商原禀及譯出夷禀一併恭呈
御覽請
旨飭交俄羅斯館譯漢其情節是否相符自可得實
此後如再有此等外夷來廣貿易之處謹當先
行奏
聞候
旨斷不敢擅自准行所有查明路哐國來廣貿易緣
由謹會銜繕摺遵

五二四　兩廣總督吴熊光奏折

查明路臣國來廣貿易情形

(嘉慶十年十二月二十七日)

旨由驛具

奏伏乞

皇上睿鑒訓示謹

奏

另有旨

嘉慶十年十二月　二十七　日

五二五　兩廣總督吴熊光奏折

廣東洋鹽二商情願捐輸銀兩（嘉慶十年十二月）

再臣欽奉

上諭令將那彦成所奏洋鹽兩商捐助據實查明如果該商等情願捐輸即准其據情代奏屆時當加

恩賞給議叙以示奬勵等因欽此臣隨詢之監督阿克當阿及運司蔡共武據稱肅清洋面貿易交通於洋鹽兩商大有裨益該商等捐輸辦公俱屬出於情願現因各商衆散處出外容俟傳齊臣當親向面詢如該商等出於誠心能捐若干作何交納再會同撫臣暨監督據情代

五二五　兩廣總督吴熊光奏折

廣東洋鹽二商情願捐輸銀兩(嘉慶十年十二月)

奏請

旨遵行至清查鹽務一事案牘繁多臣現派員嚴查其應如何調劑之處亦容臣悉心體訪籌商妥辦合先附摺奏

聞伏乞

睿鑒謹

奏

览

五二六　内閣奉上諭

延豐擅準俄羅斯商船卸貨著即革職吳熊光亦交部議處（嘉慶十一年正月二十日）

嘉慶十一年正月二十日内閣奉

上諭據吳熊光等奏查明咯臣國來廣貿易情形一摺咯臣國即俄羅斯國向例衹准在恰克圖地方通市貿易本有一定界限令該國商船駛至粵東懇請赴關卸貨自應照例駁回乃延豐擅准進埔卸貨實屬冒昧且該國商船於十月初八十七等日先後進口延豐於二十九日始行具奏又于咨商總督後並不候那彥成回咨輒以意見相同之語捏詞入告其咎甚重前經降旨將延豐降為七品革帖式尚不足以示懲延豐著即革職仍令在萬年吉地工程處効力行走接任監督阿克當阿因延豐已准該夷商起卸一船貨物亦即不候那

五二六　內閣奉上諭

延豐擅準俄羅斯商船卸貨著即革職吳熊光亦交部議處（嘉慶十一年正月二十日）

彥成移知率准進浦卸載吳熊光孫玉庭未經詳
查的確遽准開船回國均屬辦理未協不能無咎
吳熊光孫玉庭阿克當阿均著交部議處嗣後遇
有該國商船來廣貿易者惟當嚴行駁回毋得擅
准起卸貨物以昭定制欽此

五二七 粵海關監督阿克當阿奏折

報告一年期滿征收關稅數目

(嘉慶十一年四月二十五日)

奴才阿克當阿跪

奏為恭報經徵關稅一年期滿數目仰祈
聖鑒事竊照粵海關徵收正雜銀兩向例一年期滿
先將總數
奏明俟查核支銷確數恭疏具
題並分款造册委員觧部歷年遵照辦理又於嘉
慶四年五月承准户部劄行奉
上諭向來各關徵稅於正額之外將盈餘一項比較
上三届徵收最多年分如有不敷即着經徵之員
賠補以致司榷各員藉端苛斂而賠繳之項仍未

五二七　粵海關監督阿克當阿奏折

報告一年期滿征收關稅數目

(嘉慶十一年四月二十五日)

能如數完交徒屬有名無實因思各關情形不同
所有盈餘數目自應酌中定制以歸核實而示體
恤已於户部所奏各關盈餘銀數清单内經朕查
照往年加多之數分别核减自此次定額之後倘
各關每年盈餘於新定之數再有短少即行着落
賠補如於定數或有多餘亦即儘收儘觧其三年
比較之例着永行停止並奉
欽定粵海關盈餘銀八十五萬五千五百兩欽此欽
遵各在案兹查經徵丁夘年分關稅前監督延
豐管理任内自嘉慶十年四月二十六日起連

閏至十一月初三日止計七個月零八日大關
各口共徵銀五十二萬六千一百八十一兩三
錢三分一厘奴才接管任内自十一月初四日
起至嘉慶十一年三月二十五日止計四個月
零二十二日大關各口共徵銀一百九萬五千
一百九十四兩六錢六分七厘一年期内兩任
統計共徵收大關各口銀一百六十二萬一千
三百七十五兩九錢九分八厘核與
欽定盈餘銀數計溢收銀七十六萬五千八百七十
餘兩除將到關船隻及貨物粗細分別造具清

五二七　粵海關監督阿克當阿奏折

報告一年期滿征收關税數目
(嘉慶十一年四月二十五日)

册送部核對外所有經徵關稅一年期滿數目
理合恭摺具
奏伏乞
皇上睿鑒謹
奏
知道了

嘉慶十一年四月　二十五　日

五二八 粵海關監督阿克當阿奏折

報解關稅盈餘銀兩數目

（嘉慶十一年十一月初十日）

奴才阿克當阿跪

奏為報明起解關稅盈餘銀兩數目仰祈

聖鑒事竊照粵海關每年起解正雜銀兩例應具摺

奏報茲查丁卯年分關稅前監督延豐管理任內

自嘉慶十年四月二十六日起連閏至十一月

初三日止計七個月零八日共徵銀五十二萬

六千一百八十一兩三錢三分一釐奴才接管任

內自十一月初四日起至十一年三月二十五

日止計四個月零二十二日共徵銀一百九萬

五千一百九十四兩六錢六分七釐兩任一年

五二八　粤海關監督阿克當阿奏折

報解關稅盈餘銀兩數目

（嘉慶十一年十一月初十日）

期内共徵銀一百六十二萬一千三百七十五兩九錢九分八釐業經恭摺

奏明在案茲當委員起觧應將收支撥觧實數分晰造報查丁卯年分共徵銀一百六十二萬一千三百七十五兩九錢九分八釐内正項盈餘銀一百萬七百二十三兩六錢二分八釐除循例支出銀四萬兩銅斤水脚銀三千五百六十四兩移交藩庫取有庫收送部查核尚存正羡銀九十五萬七千一百五十九兩六錢二分八釐又雜羡盈餘銀六十二萬六百五十二兩三

錢七分除支出通關經費養廉工食及鎔銷折
耗等銀四萬五千八十兩一錢五分六釐又支
出解交造辦處裁存備貢銀五萬五千兩又支
出動支報解水脚銀五萬一千三百四十七兩
四錢五分二釐部飯食銀四萬四百五十五兩
二錢三分一釐尚存雜羡銀四十二萬八千七
百六十九兩五錢三分一釐共存正雜盈餘銀
一百三十八萬五千九百二十九兩一錢五分
九釐内除遵奉
諭旨撥解閩省臺灣軍需及改解甘肅共銀三十萬

兩又奉撥豫省候撥陝西備用銀一百萬兩遵
旨改解部庫尚存解部雜羨銀八萬五千九百二十九兩一錢五分九釐動支報解水脚銀五萬一千三百四十七兩四錢五分二釐部飯食銀四萬四百五十五兩二錢三分一釐又另案洋商前在乙丑年分關税借支捐輸衡工銀兩案内令繳還初限銀三萬七千五百兩又洋商前在丙寅年分關税借支捐造米艇案内令繳還初限銀三萬兩又應解造辦處裁存備貢銀五萬五千兩又另款洋商備繳辦貢銀五萬五千兩

五二八　粵海關監督阿克當阿奏折

報解關稅盈餘銀兩數目

（嘉慶十一年十一月初十日）

另解平餘罰料截曠等銀九千七十八兩八錢
一分一釐查此項平餘等銀係遵照户部
奏准於奏銷盈餘摺内按數劃除入於本案報銷
不歸併盈餘項下再查解部稅銀每千兩向有
加平銀十五兩添入鞘内今丁卯年分除撥解
豫省銀一百萬兩遵
旨仍解部庫所有溢出添平銀兩附交解員赴部兑
收外其撥解閩省及改解甘肅銀三十萬兩計
溢出添平銀四千五百兩一併另款解赴户部
奴才即定於十一月初十等日委員分起解赴户

五二八　粵海關監督阿克當阿奏折

報解關税盈餘銀兩數目
(嘉慶十一年十一月初十日)

部造辦處分别交納除照例恭疏具
題外謹將丁卯年分關税支撥存觧銀兩數目恭
摺具
奏伏乞
皇上睿鑒謹
奏
知道了
嘉慶十一年十一月　初十　日

五二九　粵海關監督阿克當阿奏折

報告征收正額盈餘銀數
（嘉慶十二年三月）

奴才阿克當阿跪

奏再奴才經收戊辰年分關稅自嘉慶十一年三月
二十六日開徵起至本年三月二十五日一年
期滿徵收大關連各口現册報到共銀一百六
十一萬八千五百四十四兩零尚有離省之惠
潮瓊等府各口册報未齊約尚可徵得銀四萬
餘兩統共戊辰年分約可徵收銀一百六十六
萬餘兩比較嘉慶四年
欽定正額盈餘銀八十五萬五千五百兩多收盈餘
銀八十萬餘兩俟各口報齊由督臣具摺

五二九　粵海關監督阿克當阿奏折

報告征收正額盈餘銀數

(嘉慶十二年三月)

奏報外合併附片陳明謹

奏

覽

五三〇　暫管粵海關印務吳熊光奏折

報告一年期滿征收正雜銀兩數目
（嘉慶十二年四月二十二日）

兩廣總督暫管粵海關印務臣吳熊光跪

奏為恭報關稅一年期滿數目仰祈

聖鑒事竊照粵海關徵收正雜銀兩向例一年期滿

先將總數

奏明俟查核支銷確數另行恭疏具

題並分款造冊委員解部歷年遵照辦理又嘉慶

四年五月承准戶部劄行奉

上諭向來各關徵稅於正額之外將盈餘一項比較

上三屆徵收最多年分如有不敷即著經徵之員

五三〇　暫管粵海關印務吴熊光奏折
報告一年期滿征收正雜銀兩數目
（嘉慶十二年四月二十二日）

賠補以致司榷各員藉端苛斂而賠繳之項仍未
能如數完交徒屬有名無實因思各關情形不同
所有盈餘數目自應酌中定制以歸核實而示體
恤已於户部所奏各關盈餘銀數清單内經朕查
照往年加多之數分别核減自此次定額之後倘
各關每年盈餘於新定之數再有短少即行著落
賠補如於定數或有多餘亦即儘收儘解其三年
比較之例著永行停止並奉
欽定粵海關盈餘銀八十五萬五千五百兩欽此欽

五三〇　暫管粵海關印務吴熊光奏折

報告一年期滿征收正雜銀兩數目
(嘉慶十二年四月二十二日)

遵各在案茲查監督阿克當阿經徵戊辰年分
關稅自嘉慶十一年三月二十六日起至十二
年三月二十五日止一年期内大關各口共徵
銀一百六十六萬三千八百三十兩四分八釐
核與
欽定盈餘銀數計溢收銀八十萬八千三百餘兩較
上届丁卯年分徵銀一百六十二萬一千三百
七十餘兩之數多收銀四萬二千四百五十餘
兩零臣因現赴沿海一帶督拏洋匪

五三〇　暫管粵海關印務吴熊光奏折

報告一年期滿征收正雜銀兩數目

(嘉慶十二年四月二十二日)

奏明飭委藩司衡齡代為查驗接收兹據該司稟
報前來臣覆核無異除將到關船隻及貨物粗
細分别造具清册送部核對外所有關税一年
期滿數目謹恭摺具
奏伏乞
皇上睿鑒謹
奏
户部知道
嘉慶十二年四月　二十二　日

五三一　粵海關監督常顯奏折
報告接收關庫錢糧數目
（嘉慶十二年九月十二日）

奴才常顯跪

奏爲接収交代關庫錢糧數目緣由仰祈

聖鑒事竊准兩廣督臣吳熊光移交稅課款項並庫

貯銀兩奴才按册逐款查核戊辰年分關稅前

監督阿克當阿管理任内自嘉慶十一年三月

二十六日起至十二年三月二十五日止一年

期内大關各口共征銀一百六十六萬三千八

百三十兩零除支銷通關經費銀三萬五千四

百九十九兩零各口已征未經解到銀四萬二

百四十四兩零借墊洋商捐輸捕盜經費銀十

五三一　粤海關監督常顯奏折

報告接收關庫錢糧數目
(嘉慶十二年九月十二日)

二萬兩又洋商未完進口夷税銀四十一萬九
千九百三十二兩零實存庫銀一百四萬八千
一百五十三兩零另存平餘罰料銀五千七百
八十九兩零己巳年分關税前監督阿克當阿
管理任内自嘉慶十二年三月二十六日起至
是月三十日止計五日大關征銀八十六兩零
督臣吴熊光兼署關務任内自本年四月初一
日起至八月二十五日止計四個月零二十五
日大關各口共征銀一十五萬七千二百八十
九兩零二共征銀一十五萬七千三百七十五

兩零除支銷通關經費銀七千一百九十六兩
零各口已征未經解到銀三千四百四十四兩
零又洋商未完進口夷税銀一十一萬九千二
百七十九兩零實存庫銀二萬七千四百五十
五兩零另存平餘銀一百一兩零又存洋商繳
還前在乙丑丙寅各年關税借捐衡工並修造
米艇經費各案共銀十萬七千五百兩以上税
課款項並存庫銀兩數目均屬相符内洋商未
完戊辰年分進口夷税奴才遵照舊定章程依
限勒催完納其各口已征未經解到銀兩一併

飛催赶解以期清款不敢貽誤除循例恭疏
題報外所有奴才接收關庫錢糧緣由理合恭摺
具
奏伏乞
皇上睿鑒謹
奏
户部知道
嘉慶十二年九月　十二　日

五三二 粤海關監督常顯奏折

報解關税盈餘銀兩數目
(嘉慶十二年十月十五日)

奴才常顯跪

奏爲恭報起解關税盈餘銀兩數目仰祈
聖鑒事。竊照粤海關每年起解正雜銀兩例應專摺
具
奏。兹查戊辰年分關税前監督阿克當阿管理任
内自嘉慶十一年三月二十六日起至十二年
三月二十五日止一年期内共征銀一百六十
六萬三千八百三十兩四分八釐,業經前署關
務兩廣督臣吴熊光恭摺
奏明在案。兹當委員起解應將收支實數分晰造

五三二一　粵海關監督常顯奏折
報解關税盈餘銀兩數目
（嘉慶十二年十月十五日）

報查戊辰年分共征銀一百六十六萬三千八百三十兩四分八釐内正項盈餘銀一百四萬二千七百九十五兩八錢三分九釐除循例支出銀四萬兩銅觔水腳銀三千五百六十四兩移交藩庫取有庫收送部查核又洋商捐輸本省捕盜公費銀兩一案

奏准在於關税盈餘銀内借墊銀十二萬兩尚存正羡銀八十七萬九千二百三十一兩八錢三分九釐又雜羡盈餘銀六十二萬一千三十四兩二錢九釐内支出通關經費養廉工食及鎔

五三二 粤海關監督常顯奏折

報解關税盈餘銀兩數目
(嘉慶十二年十月十五日)

銷折耗等銀四萬五千六十九兩八錢七釐又
支出解交造辦處裁存傜貢銀五萬五千兩又
支出動支報解水脚銀五萬二千九百一十五
兩七錢五分部飯食銀四萬一千六百五十三
兩三錢七分七釐尚存雜羡銀四十二萬六千
三百九十五兩二錢七分五釐共存解部正雜
盈餘銀一百三十萬五千六百二十七兩一錢
一分四釐動支報解水脚銀五萬二千九百一
十五兩七錢五分部飯食銀四萬一千六百五
十三兩三錢七分七釐又另案洋商前在乙丑

年分關税借捐衔工案内繳完第二限銀三萬
七千五百兩丙寅年分關税借捐脩造米艇案
内繳還末限銀三萬兩又丙寅年分關税借捐
造船經費案内繳還初限銀四萬兩又應解造
辦處裁存備貢銀五萬五千兩又另款洋商備
繳辦貢銀五萬五千兩另解平餘罰料截曠等
銀一萬六百九十六兩二錢三分三釐查此項
平餘等銀係遵照户部
奏准於奏銷盈餘摺内按數剔除入於本案報銷
不歸併盈餘項下再查粤海關解部税銀每千

五三二　粵海關監督常顯奏折

報解關稅盈餘銀兩數目

（嘉慶十二年十月十五日）

兩向有加平銀十五兩添入鞘内今戊辰年分
借墊洋商捐輸本省捕盗公費銀十二萬兩所
有加平銀内毋庸添入應請存貯關庫俟洋商
按限繳還隨鞘解部以清款項合并陳明除循
例恭疏
題報並按款備具文批于嘉慶十二年十月十五
等日委員分起解赴户部造辦處分别交納外
謹將戊辰年分關稅收支存解數目繕摺具
奏伏乞
皇上睿鑒謹

五三二　粤海關監督常顯奏折

報解關稅盈餘銀兩數目
（嘉慶十二年十月十五日）

奏

知道了

嘉慶十二年十月十五日

五三三　粵海關監督常顯奉上諭

著粵海關監督查明白鉛出口利弊酌定章程具奏(嘉慶十二年十二月初七日)

嘉慶十二年十二月初七日奉

上諭朕聞粵海關每年出口白鉛為數甚多白鉛一
項因不能製造彈丸無關軍火之用向來未立出
洋明禁但係鼓鑄必需之物近年各直省錢局鉛
觔日形短少自係販運出洋日多一日之故不可
不定以限制以防流弊著傳諭常顯即將粵海關
每年出口白鉛查明數目大加裁減或竟可不令
販運出洋奏明設禁停止亦無不可該監督務須
體察利弊輕重會同總督酌定章程據實具奏不可貪圖小
利因循滋患也將此傳諭知之欽此

軍機大臣遵

旨傳諭粵海關監督常顯

五三四　譯出英兵船頭目威廉啊嗼嚟·喥路唎禀文（嘉慶十三年七月二十九日）

照抄譯出暎咭唎國夷禀

禀呈廣東總督大人喴嚥啊嗼嚟喥咯唎奉本
處将軍命發此兵船来
天朝地方今禀知大人因咈囒哂佔了大西洋國都
地方該國王所有合家大小人口俱係我們保
護搬遷往咪唎堅嚾喇哂唎西洋地面居住我
國王發了許多船隻前往帮扶他咈囒哂攪亂

五三四　譯出英兵船頭目威廉啊嗼嚟·嘜路唎禀文（嘉慶十三年七月二十九日）

各祖家地方又要發兵船往取咪唎堅囉喇哂喇西洋地面我國王亦發兵船時常留心保護咪唎堅西洋地面不許咈囒哂佔取今咈囒哂有無數人佔據西洋國都地方居住咈囒哂尚無厭足他已得了許多國分尚要各處侵佔十分奸毒各國都被他攪亂因暎咭唎與西洋係舊日親友相好是以多發船隻保護各港脚以及澳門因暎咭唎及西洋皆與中華貿易往来不斷以免咈囒哂佔住澳門暎咭唎及西洋就

五三四 譯出英兵船頭目威廉啊嗅嘐・嘜路喇稟文（嘉慶十三年七月二十九日）

不能與中華貿易現在海面呿囒哂兵船日積日多又在小呂宋地方裝造多船我國王發許多兵船往各處港脚搜擒呿囒哂船隻攔截呿囒哂兵船不許到澳令我國王發此戰船来澳為帮扶澳門西洋人今稟知總督大人本國兵船灣泊澳門防備呿囒哂来澳以備禦敵因澳門西洋人微弱故此著些夷兵上岸好帮扶西洋人兼且各人在船日久亦得抖搜精神其兵船仍往外洋巡緝呿囒哂兵船令此夷兵在澳

五三四　譯出英兵船頭目威廉啊嘷嚓・嗖路喇稟文（嘉慶十三年七月二十九日）

並非想奪西洋貿易實係來防護西洋恐西洋
如有糧食往来免被咈嘣哂搶刼我等謹遵
天朝制度不敢違犯斷不敢生事因嗌吖喇將軍聞
得近来洋匪滋事情願將此兵船代
天朝効力保佑我國與中華永遠兩相和好特此稟
明如蒙賞見就十分歡喜恭請總督大人金安

嘉慶十三年七月二十九日

五三五　兩廣總督吳熊光奏折

英人擅入澳門暫停與之貿易（嘉慶十三年九月初四日）

吳熊光等　嘆咭唎國夷兵

擅入澳门查禁　由

奏

行二　夷字一

九月二十六日

廣東巡撫臣孫玉庭

兩廣總督臣吳熊光跪

粵海關監督臣常顯

奏為嘆咭唎國夷兵擅入澳门飭查禁請

旨暫停該國貿易仰祈

聖鑒事竊據洋商盧觀恒等稟稱嘆咭唎國

五三五　兩廣總督吴熊光奏折

英人擅入澳門暫停與之貿易
（嘉慶十三年九月初四日）

奏明，喊嚧啊噒嘰唆嘟唎赴臣吴熊光衙門呈遞番字稟壹件、漢字副壹件，據稱大西洋國地方近爲咈囒哂恃强佔據，西洋國王播遷他徙，嘆咭唎因與大西洋鄰封素好，特派兵前往保護，並恐澳門西洋人微弱，被咈囒哂欺侵，阻其貿易，復遣兵目帶領兵船前來澳門幫同防護等語，繙譯番稟乙件，詞意相同。並據香山縣稟有嘆咭唎兵船三隻，又續到六隻，帶有砲械火藥等物，灣泊縣屬雞頸洋面，派兵三百名登岸，住居澳門之三

五三五　兩廣總督吳熊光奏折

英人擅入澳門暫停與之貿易（嘉慶十三年九月初四日）

巴寺、龍嵩廟分守東西砲臺等處。臣等伏查西洋夷人在澳居住，雖自前明迄今二百餘年，相安無事。該夷目所稱西洋為咈囒哂佔據，並未擾在澳辦事之西洋人，嘵嘮[illegible]係空[illegible]則其之有無，難以懸揣，即使屬實，該國在海外窵隔相爭，咈囒哂亦因此不敢冒犯

天朝疆界。況咈囒哂至澳內，必由十字門外雞頸等洋。暎咭唎如果敢念鄰邦，爲在澳西洋人保護，亦只應在雞頸外洋守候攔擊，何得擅自登岸。該國夷人向於諸番中最爲桀驁，與西洋

五三五　兩廣總督吴熊光奏折

英人擅入澳門暫停與之貿易

(嘉慶十三年九月初四日)

式微擅越，妄生覬覦。查向例夷人不准進入省城，臣等當即會商，飭令洋商前往澳門傳諭西洋夷目委黎哆呈稱該國大班轉飭該夷目速即帶同兵船回帆歸國。該夷目堅稱寔因咈囒哂國王素與大西洋相好，是以遣令前來相幫，並無別意。西洋夷目唩嚟哆惟稱該國現在式微，不敢與之爭競。臣等復又遴委在粵年久曉達夷情之候補知府陳鎮、撫標遊擊祁昭和前往剴切曉諭，該夷目等據以俟復西洋為詞，遷延不去。恭查乾隆五十八年

五三五　兩廣總督吳熊光奏折

英人擅入澳門暫停與之貿易
（嘉慶十三年九月初四日）

因暎咭唎國使臣向軍機大臣呈字帖求直
隸天津、浙江寧波等處海口貿易，並經呈給
附近珠山海島一處及附近廣東省城地方
居住等，
高宗純皇帝發給
敕諭逐條指駁，並
諭沿海各省一體防範，用杜覬覦。伏讀
聖訓剴切詳明，所以杜漸防微者至深且遠。又嘉慶
七年暎咭唎有兵船數隻停泊雞頸洋面，訊
在萬山居住，經前督臣吉慶與撫臣瑚圖禮

五三五　兩廣總督吴熊光奏折

英人擅入澳門暫停與之貿易（嘉慶十三年九月初四日）

等驅逐並嚇以水人等毋許代為買辦食物將伊
退出是其國估牟利之心已非一日從前嘗在雞頸
外洋此次竟敢帶兵登岸雖現在居住澳中尚
無滋事況該國遠隔重洋久蒙
聖化諒不敢妄生釁端且此兵來係出自該國王之意
或該夷目等希圖就中取利西洋夷目為其煽
惑隨心相從亦未可定查澳門不產米穀日
用所需全賴內地運給臣等現在查照舊章除
其餘各國照舊開艙裝貨外惟將嘆咭唎國船
暫行停止開艙如再不遵則停止買辦該夷人

五三三五　兩廣總督吴熊光奏折

英人擅入澳門暫停與之貿易
（嘉慶十三年九月初四日）

著臣飭令隨文無利可圖，自必不能久住，俟
其帶兵回棹之日，仍准起貨貿易，於稅務亦
不致閡礙。臣等惟有不動聲色，相機妥辦，既
不敢任其久留，亦不至驟啟邊釁。是否有當，
伏乞
訓示。再省城內外地方寧謐，民情安堵，合併陳
明。所有辦理緣由，臣等謹合詞恭摺具
奏，並將原稟及擬去諭帖抄錄進
呈。伏乞
皇上聖鑒。再該夷目稟內所稱無法剿滅盜勢

五三五　兩廣總督吳熊光奏折

英人擅入澳門暫停與之貿易
（嘉慶十三年九月初四日）

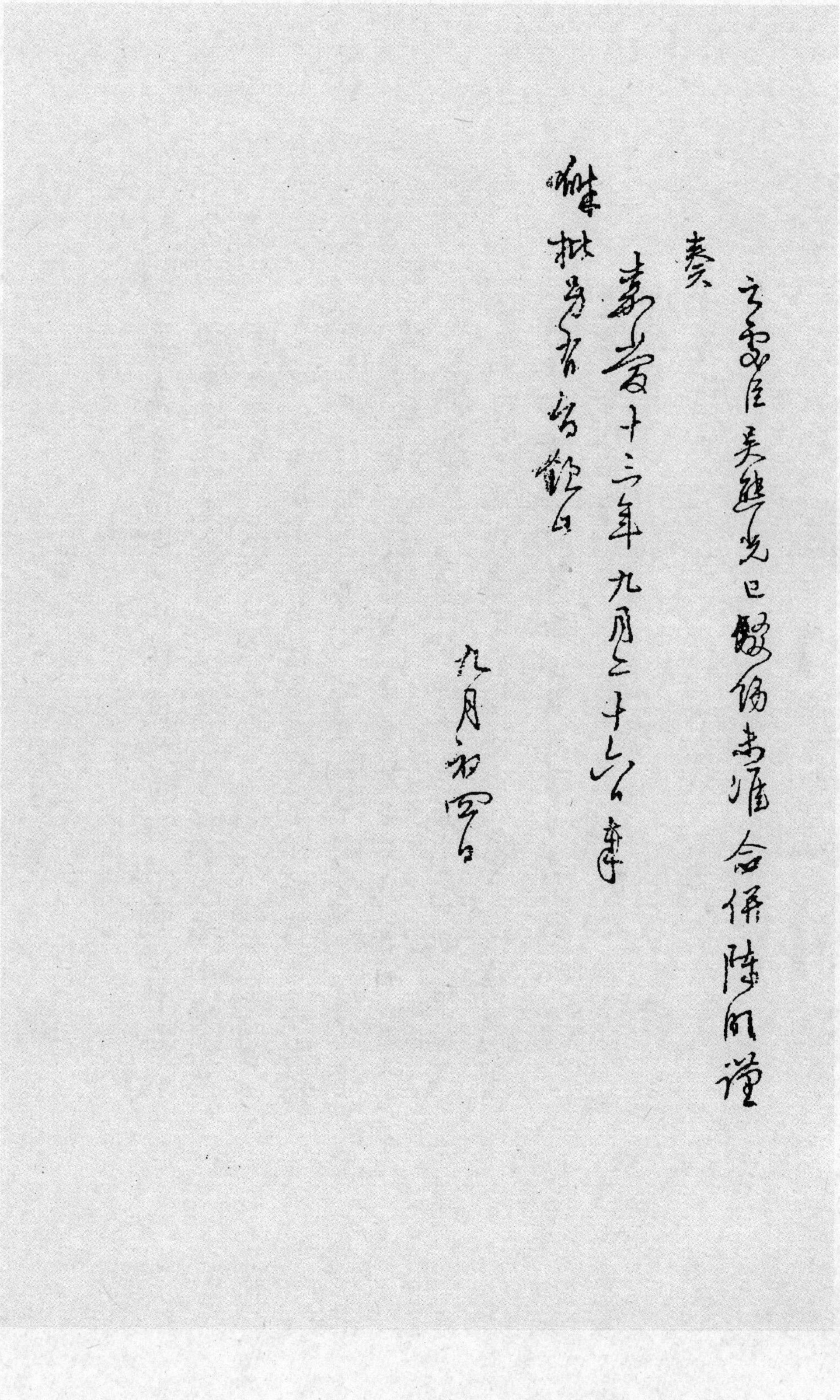
之處臣吳熊光已飭諭未准合併陳明謹
奏
嘉慶十三年九月二十六日奏
硃批另有旨欽此
九月初四日

五三六　兩廣總督吴熊光奏折

英兵船到澳門有與法國為難之意

（嘉慶十三年九月初四日）

吳熊光等片

再臣等詳詢大西洋國地方與咈蘭西作難該

國王播遷現在相近暎咭唎之咈咧喱囉喇咧西

洋地方居住其暎咭唎兵船亦為咈蘭西打敗所有暎

咭唎附近呂宋國馬頭並被咈蘭西佔去年咈蘭

西貨物久不到粵呂宋船隻到亦甚寥寥皆緣暎

咭唎截搶阻斷之故今該國又為咈蘭西所敗而

其兵船反來至澳門似係把截要路與咈蘭西呂

宋為難意謂相爭並非為謀利起見但海外情形

難于得實容臣等密細訪查再行具

奏合先附片奏

聞伏乞

睿鑒謹

奏

五三六　兩廣總督吴熊光奏折

英兵船到澳門有與法國為難之意

（嘉慶十三年九月初四日）

嘉慶十三年九月二十六日奉

硃批另有旨欽此

五三七　兩廣總督吳熊光奏折

英兵希圖占駐澳門已勒令退出

（嘉慶十三年九月初四日）

臣吳熊光等跪

奏。查大西洋自前明嘉靖年間准令寄住澳門，完納租銀五
百兩，該夷運貨至澳，向不納稅，止按船料爲數無多，前在
辦理率係錯誤。迨入
本朝，因其恭順，且住居將近百年，所有夷人已造房屋免其
拆毀，而定例夷房止准修理，不准增添，船隻亦不准逾二十
五隻之數，是於體恤之中仍寓限制。乃嘆咭唎見西洋不
納貨稅，獨得便宜，垂涎已久。今適值西洋微弱，印隅傍佛設
之麻陸國佔踞，而西洋畏其强盛，遂爾容留。此時嘆咭唎
佯爲附合，久已存逐西洋夷人恂澳地獨佔，夷情貪詐，已屬
顯然。無論嘆咭唎桀驁難馴，斷未便容留内地，即就關稅
而言，向來嘆咭唎赴省投到船貨，進出皆應納稅，歲約數
十萬兩。若任其佔住澳門，則該夷貨船祗須到澳，令内地商人
就彼轉販，該夷亦必援照西洋之例，不肯自納稅銀於

五三七　兩廣總督吳熊光奏折

英兵希圖占駐澳門已勒令退出

（嘉慶十三年九月初四日）

國課，室多短絀。查澳門止三里之地，該夷欲圖佔踞，決為
本年所起見。所重者在貿易，其呢羽嗶吱等件，皆於中國日用必
需，而中國茶葉磁器，實彼國賴以資生。現在若禁不准
起貨，該夷人已形惶恐，而猶不肯退出，希在該夷畏懼之見，以
該國與大西洋同為外藩，澳門地方均可租住，意欲臣等稍寬其事，希冀
皇上施恩，因此遷延觀望。惟有仰懇
聖恩明降
諭旨，再行申明定例，臣等現行嚴切曉諭該夷兵退出澳門，方
准通商起貨，以絕其冀幸之私，俾該夷悉遵
王章，不敢任意逗遛。如
諭旨未到之先，該夷人尚敢藉詞延挨，臣等擬即封禁進澳水
路，絕其糧食，彼復何恃，勢不能作久留之計。所有該夷實
在情形，理合附片密陳，謹
奏。

嘉慶十三年九月二十六日奉

硃批所辦甚是欽此

九月初四日

五三八　粵海關監督常顯奏折

報告年内到港洋船及征稅數目并禁英船貿易（嘉慶十三年九月初九日）

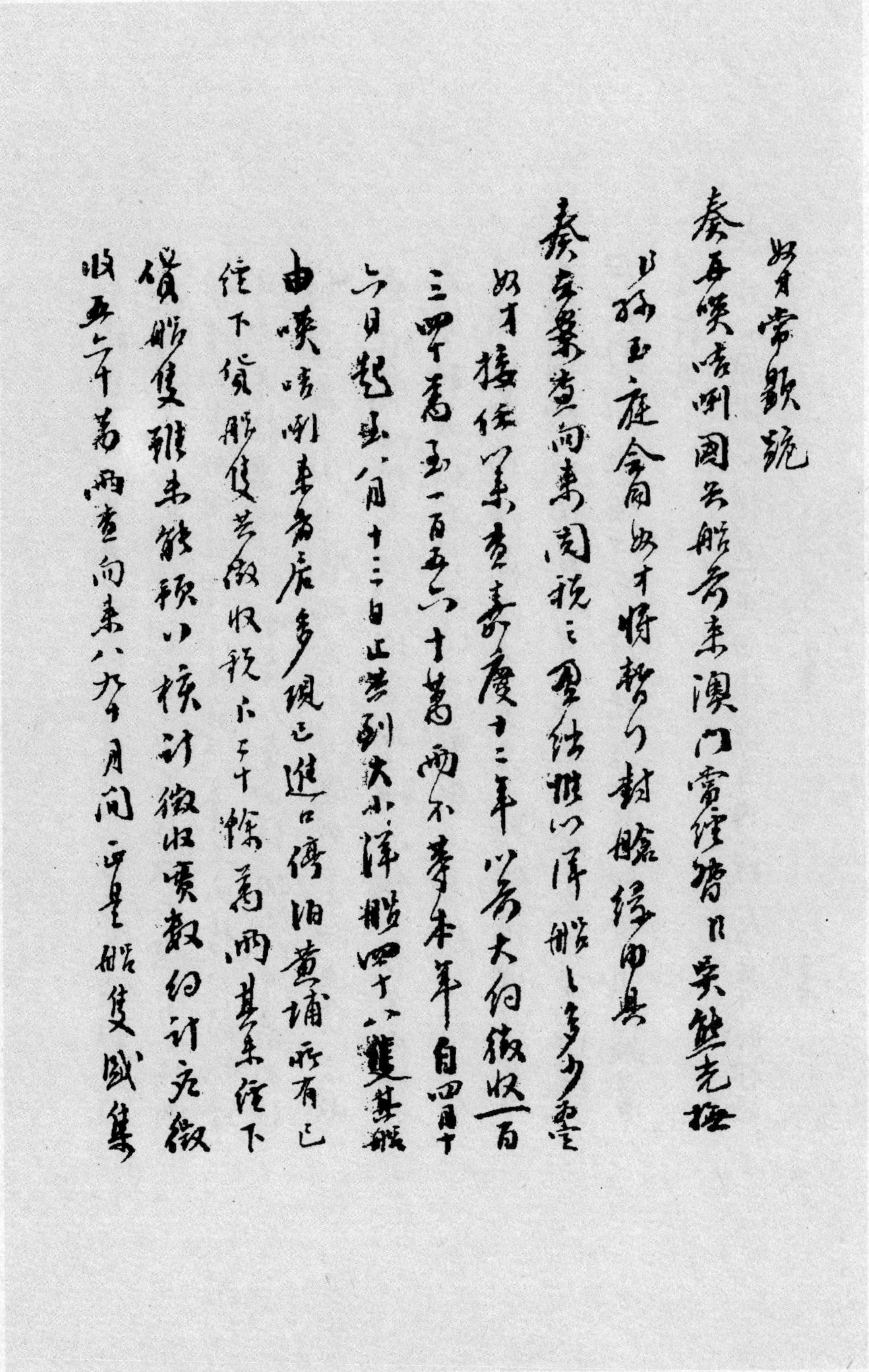

奴才常顯跪

奏爲暎咭唎國兵船前來澳門當經督臣吳熊光撫

臣孫玉庭會同奴才將該國封艙緣由具

奏在案查向來關稅之盈絀視洋船之多少爲

準奴才接任以來查嘉慶十二年以前大約徵收一百

三四十萬至一百五六十萬兩不等本年自四月十

六日起至八月十二日止共到大小洋船四十八隻其船

由暎咭唎來者居多現已進口停泊黃埔所有已

經下貨船隻共徵收稅銀不下十餘萬兩其未經下

貨船隻雖未能預以核計徵收實數約計應徵

收五六十萬兩查向來八九等月間正是船隻盛集

五三八　粵海關監督常顯奏折

報告年内到港洋船及征税數目并禁英船貿易（嘉慶十三年九月初九日）

之時本年似尚有未來粵洋船如果陸續到來開
稅目可與前數年相等誠在徵收吃緊之時適
嘆咭唎兵船有來澳門居住情事是以暫行封艙停
止亦當竊思嘆咭唎夷人本西洋諸夷中最為強
悍與荷蘭佛蘭西呂宋諸國久已不和近係無敢
非惟備西收來澳門派兵登岸以保護大西洋為
名實欲力據要津以遂其壟斷之私現經督臣會
同奴才嚴飭洋商通事人等轉飭該國留粵
大班傳諭該夷目及早退還該夷遠越重洋深入
內地外非係強以實往情迅自當知警與奴才等
業經具
奏自必聞風知懼迅速回帆俟自內該夷等駛伏迄

五三八　粤海關監督常顯奏折

報告年内到港洋船及征税數目并禁英船貿易(嘉慶十三年九月初九日)

退自可照常開艙輸稅如我夷性愚頑未即通曉
將仍開出來亦為仰體
皇上柔遠之意多方化誨務不致以為寬厚倘通融以
重勞上廑
聖懷現在暎咭唎夷船不能與易他國夷船貿易如
常商民均極安靜但暎咭唎已到黃埔停船業
經久耗多日出才給今洋商通事人等將諭
封艙緣由告知不時前往安為撫慰令無驚懼啟
據夷係暎咭唎來澳各船亦聽安撫爲此具
奏外合先以附片奏
聞伏乞
聖鑒謹

五三八　粵海關監督常顯奏折　報告年内到港洋船及征税數目并禁英船貿易（嘉慶十三年九月初九日）

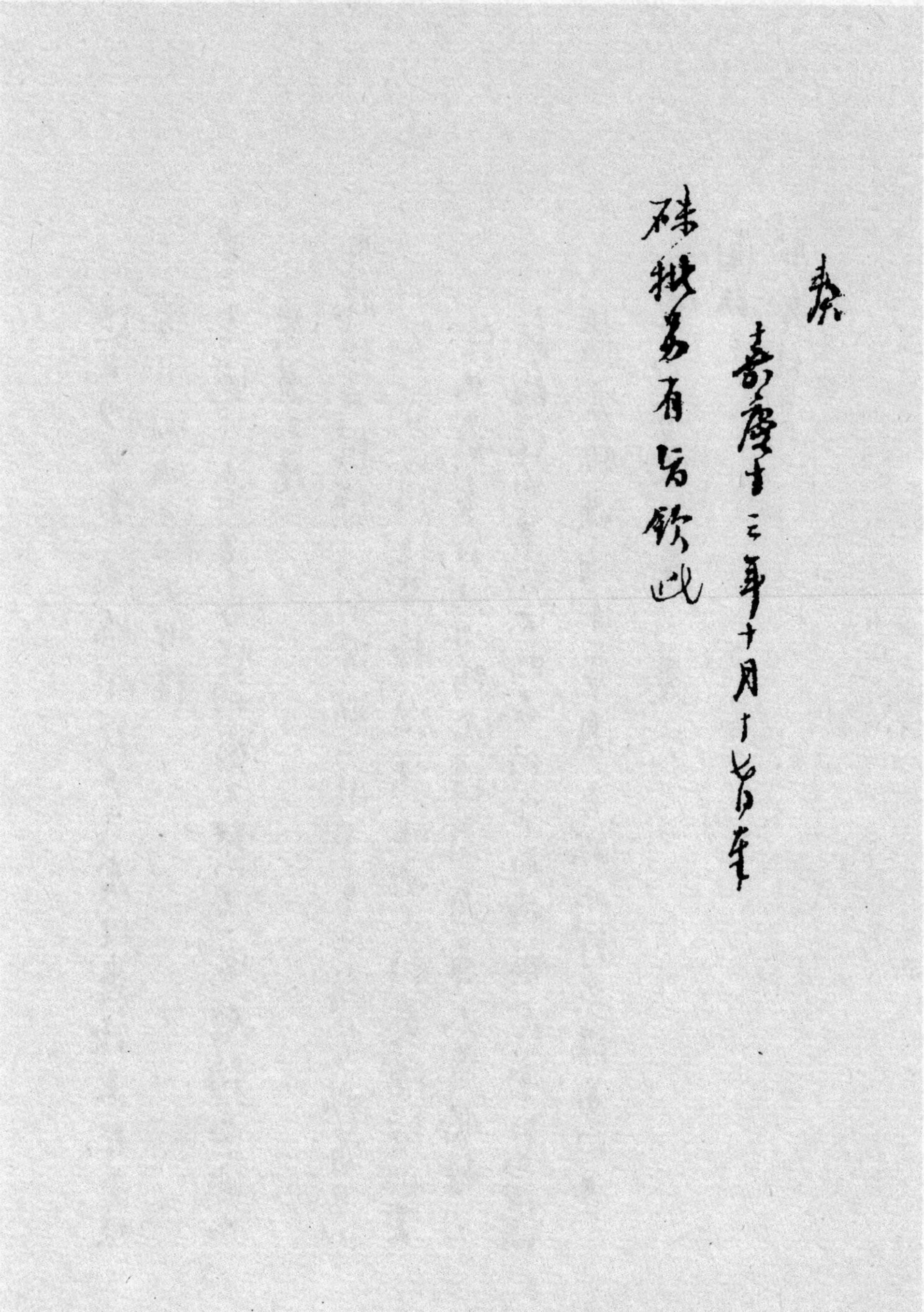

奏

嘉慶十三年十月十七日奉

硃批另有旨欽此

五三九　兩廣總督吴熊光奉上諭

著曉諭英兵從澳門退兵并報辦理情形（嘉慶十三年九月二十六日）

軍機大臣　字寄

兩廣總督吴　廣東巡撫孫　嘉慶十三年九

月二十六日奉

上諭吴熊光等奏咦咭唎國兵夷擅入澳門一事咦

咭唎國夷人藉稱大西洋國地方被咈囒哂佔据

該國因與大西洋鄰好恐西洋人之在澳門者被

法囒哂欺阻貿易輙派夷目帶領兵船前來幫護所言全不可信而且斷無此理

現在先後到船九隻皆帶有砲械火藥等物竟敢

灣泊香山縣屬雞頸洋面並有夷兵三百名公然

登岸住居澳門三巴寺龍嵩廟分守東西砲臺實

五三九　兩廣總督吳熊光奉上諭著曉諭英兵從澳門退兵并報辦理情形（嘉慶十三年九月二十六日）

屬桀驁可惡該督等現將該國夷船停止開艙派員嚴切曉諭俟夷兵退出澳門方准起貨並稱該夷人若再延挨即封禁進澳水路絕其糧食所辦尚是但究竟如何嚴切曉諭及現在作何準備之處全未奏及所辦太軟邊疆重地外夷敢心存覬覦飾詞嘗試不可稍示以弱此時如該國兵船業經退出澳門則已如尚未退去吳熊光即着遴派曉事文武大員前往澳門嚴加詰責以天朝禁令綦嚴不容稍有越犯大西洋與咈囒哂彼此構衅自相爭殺原屬外夷情事之常中國並不過問即

五三九　兩廣總督吳熊光奉上諭著曉諭英兵從澳門退兵并報辦理情形（嘉慶十三年九月二十六日）

如近年緬甸暹羅二國互相仇殺節經啟關求援
大皇帝一視同仁毫無偏向至於中國外藩自有
一定疆界試思中國兵船從無遠涉外洋向爾國
地方代剿之事而爾國兵船輒敢駛進澳門登岸
居住冒昧已極若云因恐咈囒哂欺侮西洋前來
幫護殊不知西洋夷人既在中國地方居住咈囒
哂焉敢前來侵奪以致冒犯天朝即使咈囒哂果
有此事天朝法令具在斷不能稍有姑容必當立
調勁兵大加勦殺申明海禁又何必爾國派兵前
來代為防護若云現在洋匪未淨欲思効力天朝

五三九　兩廣總督吴熊光奉上諭著曉諭英兵從澳門退兵并報辦理情形(嘉慶十三年九月二十六日)

尤屬無謂海洋盜匪屢經勦辦不過東竄西逃既
經兵船四路搜拏不日即可殲盡餘孽又何藉爾國
兵力爭看來竟係爾國之人見西洋人在澳門貿
易趁其微弱之時意圖佔住大干天朝厲禁矣爾
國臣事天朝平素遣使進貢尚稱恭順但此次無
知冒犯實出情理之外本當即行拿究姑先明白
曉諭爾若自知悚懼即速撤兵開帆不敢片刻逗
遛尚可曲恕前罪仍准爾國貿易若再有延挨不
遵法度則不但目前停止開艙一面即當封禁進
澳水路絶爾糧食並當調集大兵前來圍捕爾等

五三九　兩廣總督吳熊光奉上諭著曉諭英兵從澳門退兵并報辦理情形（嘉慶十三年九月二十六日）

硃
後悔無及如此逐層曉諭義正詞嚴該夷人自當
硃
畏懼凜遵吳熊光等仍當密速調派得力將弁統領水陸官兵整
頓預備設該夷人一有不遵竟當統兵勦辦庶足不可畏
葸姑息以伸國威而清海澨此于邊務夷情大有關係該
督撫不此之慮而唯齷齪于數十萬稅銀往復籌
計其於防備機宜全未辦及吳熊光孫玉庭均懦
弱不知大體且吳熊光充當軍機章京有年曾經
擢用軍機大臣尤不應如此憒憒吳熊光孫玉庭
硃
著傳旨嚴行申飭伊等此次來摺僅由馬上飛遞亦屬
遲緩此旨著由五百里發往著吳熊光等即速遵照

五三九　兩廣總督吴熊光奉上諭著曉諭英兵從澳門退兵并報辦理情形(嘉慶十三年九月二十六日)

辦理並將該夷人兵船曾否退去情形若何現在
該督等如何調兵防備密飭辦理之處即著由五
百里覆奏並傳諭常顯知之欽此遵
旨寄信前來

五四〇　粤海關監督常顯奏折　英占澳門令黄埔英船封艙（嘉慶十三年十月初六日）

常顯片

再嘆咭唎兵船夷人自封艙停止交易後甚爲惶懼

該國大班疊次遞稟懇請開艙均經督臣吴熊光

會同奴才駁斷并諭令兵船退出澳門後始行開艙

交易該夷計窮力竭雖意存觀望諒亦不能久停

現在督臣不動聲色密將水陸營哨兵弁妥爲派

撥嚴行飭諭該夷等限定日期令其退出澳門如再

敢延玩或稍有滋事之處立即動兵剿辦不能再事

姑容再各國夷船俱停泊黄埔前經督臣會同奴才等

奏將嘆咭唎國交易停止其餘各國仍照舊開艙貿易

自嘆咭唎國封艙之後其咪唎㗅等國似恐有爭先

貿易之時，亦未曾懇請開艙交易，是以該夷人等船隻均未起貨納税。合并聲明，謹附片奏

聞。伏乞

聖鑒。謹

奏。

嘉慶十三年十一月廿四日奉

硃批：另有旨。欽此。

十月初六日

五四一　兩廣總督吳熊光奏折　辦理英兵擅入澳門情形（嘉慶十三年十月十三日）

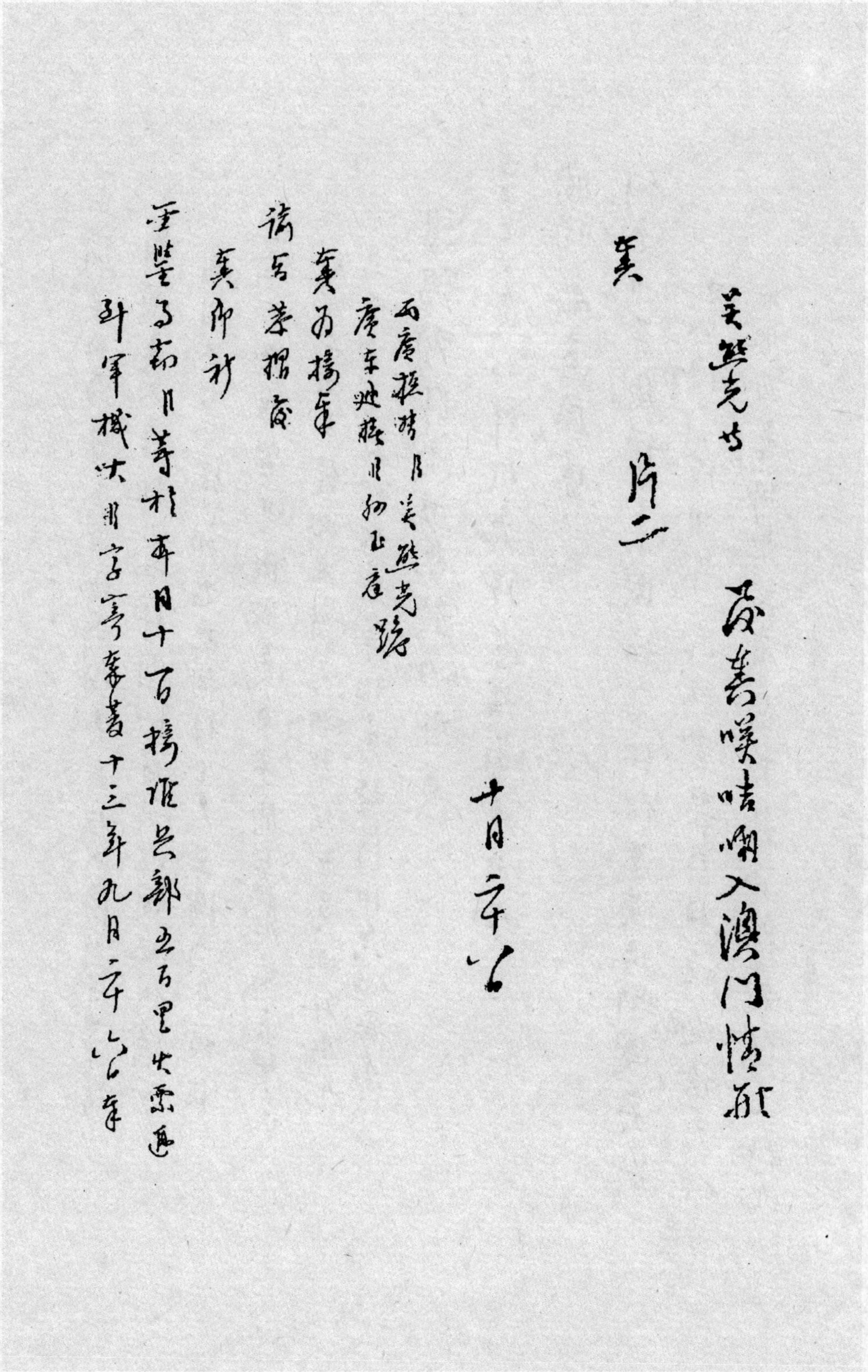
吳熊光奏

奏嘆咭唎入澳門情形摺

奏　片二

十月廿七

兩廣總督臣吳熊光跪

廣東巡撫臣孫玉庭

奏爲據實

請旨恭摺

奏仰祈

聖鑒事竊臣等於本月十一日接准兵部五百里火票遞

到軍機大臣字寄奉嘉慶十三年九月二十六日奉

五四一　兩廣總督吳熊光奏折

辦理英兵擅入澳門情形

（嘉慶十三年十月十三日）

上諭吳熊光等奏暎咭唎國夷兵擅入澳門一摺暎咭唎國夷人藉稱大西洋國地方被咈囒哂佔據該國因與大西洋鄰好恐西洋之人在澳門亦被咈囒哂欺阻貿易輒派夷人自帶兵船前來幫護所言全不可信而且斷無此理現在先以封艙凡其船常有鎗械火藥等物竟敢灣泊香山縣屬雞頸洋面等因欽此仰見

皇上運以神機夷情遠隔萬里之外

洞燭靡遺周詳

訓示臣等跪讀之下感悚實深伏查暎咭唎國夷兵擅入澳門經臣等示飭查禁並加詰帆詢該夷人入澳及兵師船留者係理該為防一軋緣因將凡

五四一　兩廣總督吳熊光奏折

辦理英兵擅入澳門情形

（嘉慶十三年十月十三日）

月十日奉硃批知

業經臣等遵旨密飭香山詳查，現在英吉利夷

兵及頭目來之數，又運夷共七百餘名仍在澳門

居住，或駕小艇往來船上，並未增添，其餘各船

俱停泊雞頸洋面，屢次遣人赴臣[illegible][illegible]呈

懇，時非常恭順，赴門具稟，懇求開艙貿易，而在

澳夷兵則仍以保護西洋人為詞，遷延不去。經

臣等以大西洋國乃咈囒哂作難，猶還並未據該

國在澳稱為，[illegible][illegible]嗚宗問則其為之者並既發

現行即使屬實，該二國在海外相爭咈囒哂

之事不敢冒犯

天朝疆界，復訊該國因大西洋住居澳門，心生窺伺

五四一 兩廣總督吴熊光奏折

辦理英兵擅入澳門情形（嘉慶十三年十月十三日）

旨

天朝甘兵勒索何必爾國派兵前來代為防護既照

閩西至澳必由十字門外雞頸等洋為爾國數念

鄰封為在澳西洋人保護亦應在雞頸外洋守

禦截擊何得擅自登岸為之

大皇帝治威素遠情恢胃如

天視中外為一家因爾國前曾納貢備誠准爾往來

貿易

鴻慈何等高厚爾國既列在藩服

天朝法度森嚴豈容違越若即帶同兵船迅速回帆

歸國尚可從寬准爾照舊貿易若有一兵存留

澳門則斷斷不准開艙起貨等語嚴行批飭

五四一　兩廣總督吳熊光奏折

辦理英兵擅入澳門情形

（嘉慶十三年十月十三日）

朱

該夷人等雖則恇怯未敢滋事而利慾薰心猶

日孜孜[illegible]此等以此等狂妄野心非難馴伏且其

貨船向例駛進黃埔河面距省止數十里以便查驗

此時先有三十[illegible]艘駐泊該處[illegible]常常有

砲械是以前於省[illegible]修理師船內之兵小虎門

而零兵丁抽撥回營致占附近之艇其人[illegible]需修理

師船尚有六年修葺兵名二千餘名並無[illegible]

船數十號一併[illegible]不願黃埔[illegible]常在附近者

河一帶濱臨原因該處調用地勢並不[illegible]撥掛號[illegible]

（[illegible]大炮台[illegible]）

標撥總督兵二千四百名砲械火藥等項亦經平安[illegible]

（[illegible]）

[illegible]現已派啃標奏[illegible]標撥標在[illegible]和撫標

（[illegible]）

[illegible]寶興等飭領馳附近澳門虎門一帶[illegible]

五四一　兩廣總督吳熊光奏折

辦理英兵擅入澳門情形

（嘉慶十三年十月十三日）

寄港口要隘，豈容任[illegible]單陽來總截近出示[illegible]

已據但頭目名[illegible]等將其兵船勒諭該夷人計持

船隻皆因要挾波濤一經登岸則毫無倚藉

况且護而來竊入沿海地方恐良民擾累又

密飭沿海地方文武監防毋其在於所屬各口

岸嚴加防範，以杜不虞。至前該夷人情形尚未

未能遵律辦理，候[illegible]等意

密派員前往澳門對切宣示，詞嚴義正，該夷人懷

德畏威者，有畏懼遵依，不敢再有違抗借詞

親呈到來該夷人自外

生成，斷不容稍有寬縱，即當統兵勦辦，以伸

國法而靖海疆。其等前指內未將寄信得自詳晰

五四一　兩廣總督吴熊光奏折　辦理英兵擅入澳門情形（嘉慶十三年十月十三日）

聖廑以致上厪

聖懷奉到

諭旨嚴行申飭實屬惶悚無地臣等祇遵訓示惟

惟有益矢小心妥為防範斷不稍少有畏葸於

恩有干重咎所有接奉

諭旨緣由臣先行恭摺

合由五百里繕摺覆

奏伏乞

皇上聖鑒謹

奏

嘉慶十三年十月十三日

硃批另有旨欽此

十月十六日

五四二 兩廣總督吳熊光等奏折

視英人撤兵情形再準開艙貿易否則封禁通澳水陸(嘉慶十三年十月十三日)

吳熊光片

再臣等遵奉

諭旨先行曉諭再懾以兵威該夷人如果撤兵仍

懇貿易臣等當再申明定例俾該夷永遠遵守

若其真心悔過方准開艙倘若仍前觀望臣等即

全封禁進澳水路斷絕其糧食彼時家合夷亦必逃生

澳門揚帆歸國亦不致待兵攻剿以其必須用兵亦不敢

稍存姑息臣等總在臨時酌看情形相機妥辦理合

附片奏

聞謹

奏

嘉慶十三年十月二十八日奉

硃批：汝等早如此辦理何致如此張皇，欽此。

五四三　兩廣總督吳熊光奉上諭

著傳諭粵海關監督常顯英貨船理應封艙英兵如敢逗留則懾以兵威(嘉慶十三年十月十七日)

軍機大臣　字寄

兩廣總督吳　調任貴州巡撫孫　嘉慶十三

年十月十七日奉

上諭本日據常顯奏現到洋船四十八隻由㖠咭唎

夷者居多正在徵收喫緊之時適該國兵船前來

澳門居住是以暫行封艙計其未經卸貨各船約

應徵收五六十萬兩不能照常榷稅等語㖠咭唎

國夷船擅入澳門將其貨船封艙此于稅務不足

尚屬小事且並非該監督辦理不善所致可轉諭

知常顯無庸因此畏罪惟此事關係國體甚大吳

熊光等既不嚴諭驅逐又復毫無准備除封艙之

五四三　兩廣總督吴熊光奉上諭

著傳諭粤海關監督常顯英貨船理應封艙英兵如敢逗留則懾以兵威（嘉慶十三年十月十七日）

外不復再有籌畫遷延示弱殊為失體該思天朝地方豈容外國夷人闌入唆咭唎夷情奸詐搢內所稱該國為咈囒哂所敗故來澳門以遏其壟斷之計此信亦未必確實即使實有此事該夷人委係窮蹙內投情詞恭順吳熊光等尚當嚴加駁斥不能準行況該夷人公然駛船入澳派兵登岸分佔砲臺而且船隻兵數愈來愈多中懷叵測其投進原稟內尚有幫辦天朝保護西洋之語尤為謬妄若不嚴行駁逐明示國威豈不為外夷輕視前因伊等辦理軟弱屢經降旨飭諭該督等務當凜遵辦理飭令該國夷船即速退去義正詞嚴不可再示怯弱

五四三　兩廣總督吴熊光奉上諭

著傳諭粵海關監督常顯英貨船理應封艙英兵如敢逗留則懾以兵威(嘉慶十三年十月十七日)

倘仍逗留覬望竟當懾以兵威切 稍寬假庶諒夷
人畏懼帖服海疆可期寧輯設辦理不善貽誤封
疆吴熊光等恐不能當此重咎也凜之將此由四
百里諭令知之欽此遵
旨寄信前來

五四四　廣東巡撫永保奉上諭著到任徑赴澳門驅退英兵并密查吴熊光辦理不善緣由(嘉慶十三年十月二十八日)

軍機大臣　字寄

新任廣東巡撫永　嘉慶十三年十月二十八日奉

上諭前據吴熊光奏𠸄咭唎夷兵進入澳門佔據砲

臺已有旨將永保調任廣東巡撫諭令迅速馳赴

該省想永保接到此信自已起身在途本日據吴

熊光五百里奏報𠸄咭唎夷人現在情形仍係一

派空言並未能將該夷人逐去亦未見有調度看

來吴熊光一味軟弱全不可靠永保接奉此旨即

著加緊(晝夜)馳赴(驛遞)廣東徑赴澳門督辦朕專派永保前

往即係欽差永保到省後且無庸接管巡撫印務

硃

五四四　廣東巡撫永保奉上諭著到任徑赴澳門驅退英兵并密查吴熊光辦理不善緣由(嘉慶十三年十月二十八日)

硃

惟專心督理此事迅即諭知該夷人等以爾等此次擅自帶兵進澳佔據砲臺大屬冒昧原應立加懲辦姑念爾國向來臣事天朝尚為恭順是以不肯遽事剿除現在大皇帝派我前來督辦業將水陸各路官兵調集若干看爾等是否知罪知恩如果斂兵早退將來尚可准令貿易倘遲迴觀望即當統領大兵分路剿捕爾等不但身被誅夷並將來永遠不准朝貢不准貿易中國物產富饒財賦充裕豈藉爾等區區貨物爾等慎勿自貽後悔如此義正詞嚴剴切曉諭該夷人能及早退去固屬甚善如必須

五四四　廣東巡撫永保奉上諭著到任徑赴澳門驅退英兵并密查吴熊光辦理不善緣由（嘉慶十三年十月二十八日）

示以兵威加之撻伐其應如何酌籌調遣已諭知
吴熊光不得掣肘永保當悉心經理一面調派一
面速行馳奏俟將此事辦理安善後再接廣東巡
撫之印料理地方並著永保密查吴熊光辦理此
事如此因循遲緩是否該督畏葸玩愒抑係因病
精神不能振作據實具奏永保於途間接奉諭旨
即著將現在行抵何處約計何日可以到粵日期
先由五百里馳奏以慰廑注將此由五百里諭令
知之欽此遵
旨寄信前來

五四五　軍機大臣奏折
聞稱應將各國貨船概禁開艙吴熊光應駐香山控制(嘉慶十三年十一月初九日)

臣等遵
旨將吴熊光奏到各摺並節次所奉
諭旨與吴俊閲看據吴俊稱此非用兵之事而非兵不足以示威嘆咭唎夷人斷不敢于離國數萬里外妄有不逞而愚迷嗜利其跡近於頑抗誠如
聖諭吴熊光辦理此事未免失之軟緩此時該國貨船俱已停泊黄埔惟有封艙不准貿易及禁絶澳門米粮食物之法可以制其死命但必須嚴查奸細以防偷出偷入之弊且將各國貨船概

五四五　軍機大臣奏折

聞稱應將各國貨船概禁開艙吴熊光應駐香山控制(嘉慶十三年十一月初九日)

禁開艙以見
天朝國富兵强並非需此每年一百数十萬之税則
各國夷人羣起與暎咭唎不依而水陸兩路又
為調集官兵大示聲威鎮靜彈壓則該夷人自
不敢再有遷延矣至於該夷所稱保護西洋之
語明係捏説但無論事之有無西洋國有住澳
夷目唆哩哆係其管事之人如果有鄰國夷人
來澳保護何以始終並無一稟似應令其切實呈
稟以察其真偽至省城距澳門三百数十里澳
門地方逼窄吴熊光之不即親往自係因恐涉

五四五　軍機大臣奏折

聞稱應將各國貨船概禁開艙吴熊光應駐香山控制(嘉慶十三年十一月初九日)

張皇起見而省城控制太遠似宜早赴香山縣城住劄則離澳僅止百里一切呼應較捷等語謹

奏

十一月初九日

五四六　廣東巡撫永保奉上諭著速奏聞能否克期起程赴任（嘉慶十三年十一月十三日）

軍機大臣　字寄
調任廣東巡撫永　嘉慶十三年十一月十三
日奉
上諭本日據吴熊光五百里奏報𠸄咭唎夷人現在
尚未退去仍係一派空言並未見稍有展布看來
吴熊光束手無策竟不勝任昨據永保奏接到署
任黔撫諭旨因癬疥並發一時不能起身嗣將伊
調任粤東曾降旨令其由驛速赴新任永保自已
接奉未知現在病勢如何如所患業已就愈能剋
期起身即迅由五百里奏聞候朕另降諭旨倘實

五四六　廣東巡撫永保奉上諭著速奏聞能否克期起程赴任（嘉慶十三年十一月十三日）

在不能行走亦當由五百里速奏候朕再行酌奪
將此由五百里諭令知之欽此遵
旨寄信前来

五四七 兩廣總督永保奉上諭著到粵後不準英貨船開艙貿易（嘉慶十三年十一月二十四日）

軍機大臣 字寄
兩廣總督永 嘉慶十三年十一月二十四日奉
上諭常顯奏嘆咭唎大班疊次遞稟懇請開艙經吳
熊光常顯飭駁諭令兵船退出澳門始行開艙其
餘各國似戀有爭先貿易之嫌亦未曾懇請開艙
等語外夷貨船來至內地原以其向來恭順准令
交易用示懷柔茲嘆咭唎國輒敢擕遣令帶夷兵擅入
澳門佔據炮臺雖昨據吳熊光奏夷兵已全退出
但七月至今數月盤踞情殊可惡且亦未據遞有
切實悔罪呈稟即使其具呈認罪亦不得遽准開

五四七　兩廣總督永保奉上諭著到粤後不準英貨船開艙貿易
（嘉慶十三年十一月二十四日）

艙僅以沾沾關榷為重固頗大體必俟一二年後
該夷實心畏懼服懇切呈請交易彼時再行具奏
候降諭旨永保到粤後該國貨船如尚候風汛未
經起椗即遵旨不令開艙俾知畏懼並會同常顯
傳諭咪唎㗖等國以唊咭唎夷兵冒昧入澳是以
停其貿易示罰至尔等毫無不是自當照常交易
不必心存觀望也如永保到彼吴熊光等業已准
令開艙並著遵前旨查明因何先准（係吴熊光主見係常顯主見秉公ム）據實參奏常
硃
顯奏片抄寄閱看將此由四百里諭令知之欽此遵
旨寄信前來

五四八　兩廣總督吳熊光奏折

英兵退出澳門及準許洋船開艙貿易
（嘉慶十三年十一月二十九日）

吳熊光遵

奏

旨覆奏

譯出夷稟一件

十二月二十日

二品頂戴兩廣總督臣吳熊光跪

奏為據奏

緣由恭摺

奏仰祈

聖鑒事。竊臣於十一月二十八日接准軍機大臣字寄嘉慶

十三年十一月十二日欽奉

上諭：吳熊光奏英兵尚未退出澳門，遵旨用兵驅逐

五四八　兩廣總督吳熊光奏折

英兵退出澳門及準許洋船開艙貿易

（嘉慶十三年十一月二十九日）

未曾設有情弊之處欽此跪讀之下悚惶戰慄無
地自容伏念臣以軍機因負荷蒙
高宗純皇帝特達之知不次超擢又蒙
皇上恩施逾格擢任封圻畀以海疆要地即捐糜頂踵
不足以仰酬
高厚於萬一乃於此等重大事情未能迅速辦致獲戾滋深
當此罪無可逭之時伏蒙
鴻慈曲加
垂訓惶悔交集茲據該英咭唎國夷兵退出澳門
旋即開帆遠去現已開艙照舊貿易並飭撤官兵
謹由六百里會同護撫臣韓崶於十一月十六日恭摺
馳

五四八　兩廣總督吳熊光奏折

英兵退出澳門及準許洋船開艙貿易

（嘉慶十三年十一月二十九日）

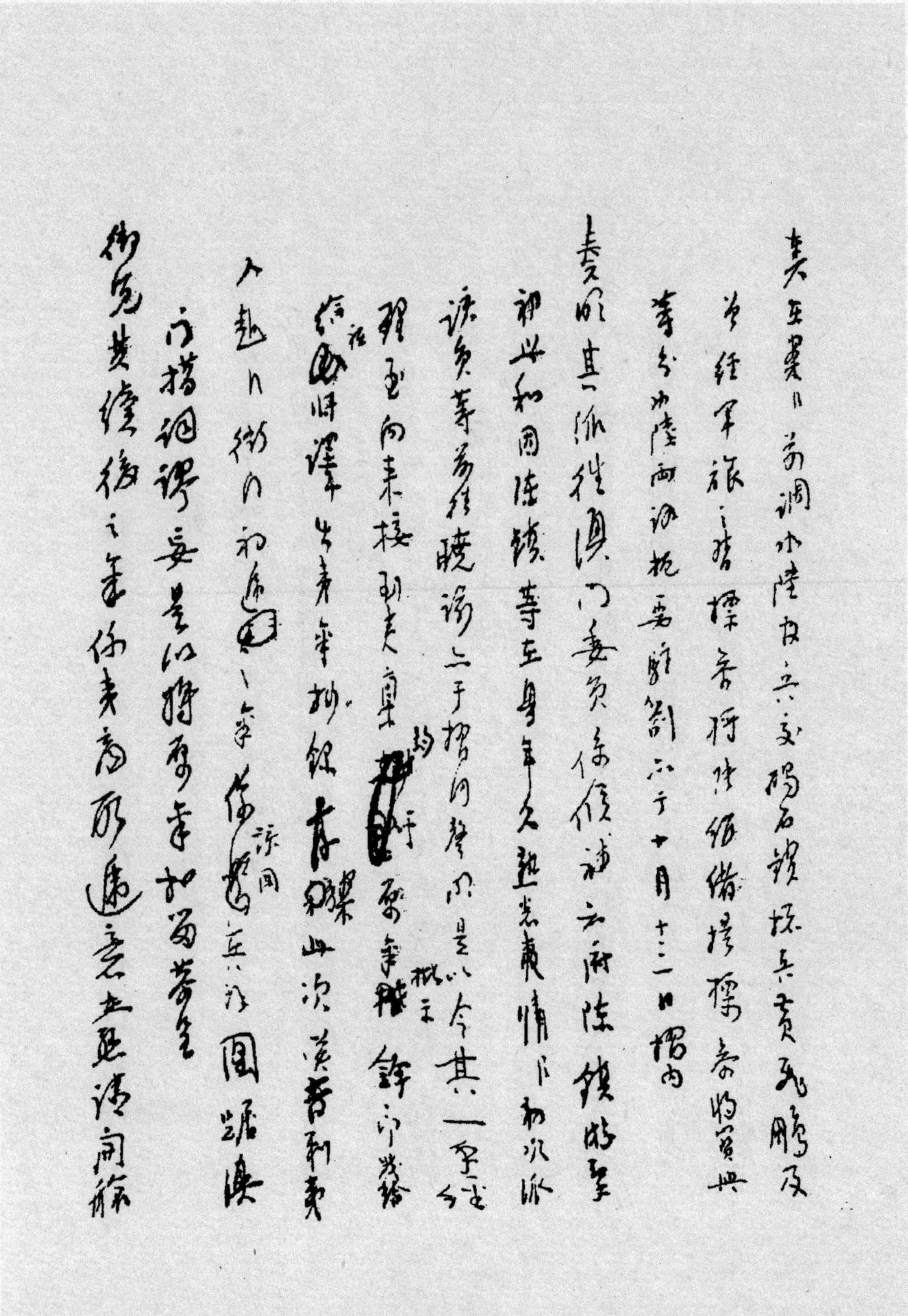

五四八　兩廣總督吳熊光奏折

英兵退出澳門及準許洋船開艙貿易
（嘉慶十三年十一月二十九日）

〻即如向例夷船切批過仍係夷兵來退方准
照常貿易適夷兵開船後廣東省
又央懇洋商赴監督〻〻常頭鄉乃懇請開艙
常頭探情告〻〻照該洋商所言未確復派廣持
州府知府福明署〻標中軍副將張瑮帶
同通事親赴黃埔會看情形該夷頭
人環集摘帽口稱該國兵頭弁知冒犯帶
兵登岸等到
大皇帝念肯前將該兵頭十分懼怯現已帶同兵船
開帆連去我等均係貿易商人
天朝法度無不畏遵豈敢隨同兵頭滋事今船
閣日久特懇恩施一邊即不能開帆漂流洋面

五四八　兩廣總督吳熊光奏折

英兵退出澳門及準許洋船開艙貿易
（嘉慶十三年十一月二十九日）

性命均係出於不獲已，特懇早爲開艙，俾得及早及
時回國，保全十萬性命等語。因鑒其出於至誠，不得已下其情
十分迫切，是以示令各商照例查驗開艙，務令
祗聆傳諭，該夷商等咸以係
天朝格外施恩，倘以後有一事不遵法度，即將該夷商
等嚴行驅逐，永遠屏絶，不准復通貿易，該夷商
感激畏懼，敬謹從命，此皆仰賴
皇上天威遠播，不戰而威，現在貿易交通，民夷安堵，
以可仰慰
聖懷。至臣于此事一切全根據理應辦，自當隨時迅速具奏，
亦不調動示以鎮靜，俾安援兵無府等處馳赴

五四八　兩廣總督吳熊光奏折

英兵退出澳門及準許洋船開艙貿易
（嘉慶十三年十一月二十九日）

防範迨十一月十二日奉到
聖明詰責迨英夷兵全數回帆之後知錯誤延遲業已
追悔不及而屢次陳
奏又未一一詳叙明晰以致上煩
宵旰種種總緣臣庸拙由於識淺實不能仰副
委任負
恩慚愧清夜難安惶悚無似
皇上將臣交部從重治罪俟將一切善後事宜分議
將此歸併先行通盤籌畫俟新任督臣到
後與商妥分別詳細條陳
奏請
聖訓以冀稍贖前愆所有接奉

五四八　兩廣總督吳熊光奏折

英兵退出澳門及准許洋船開艙貿易
（嘉慶十三年十一月二十九日）

諭旨緣由謹繕摺具
奏並將譯出夷稟及批詞抄錄進
呈
御覽伏乞
皇上睿鑒再英咭唎夷兵已退不致擾用五百里祗由驛
具奏合併聲明謹
奏
嘉慶十三年十二月二十四日奉
朱批另有旨欽此
十一月二十九日

五四九 兩廣總督永保奉上諭

著查明吴熊光準令開艙貿易及其所奏擊斃賊目添設營汛等節(嘉慶十三年十二月初四日)

軍機大臣 字寄

兩廣總督永 嘉慶十三年十二月初四日奉

上諭本日吴熊光奏暎咭唎國兵船開帆遠去現已開艙照舊貿易一摺據稱該夷船於前月初七日悉行起椗開出萬山外洋而去偵探實已無蹤惟照舊留小巡船四隻保護送祖家貨船回國吴熊光因該夷商節次籲請開艙情詞迫切實知懼知感已准其開艙起卸貨物等語暎咭唎國夷兵敢於擅入澳門盤踞數月情殊可惡此時即因風帆

五四九　兩廣總督永保奉上諭著查明吳熊光準令開艙貿易及其所奏擊斃賊目添設營汛等節(嘉慶十三年十二月初四日)

不能久待欲求退速開帆亦不能准其開艙貿易吳熊光辦理實為軟弱且其摺內鋪叙之詞亦均不可信永保到粵後著即確切查明究竟該夷兵何時退去吳熊光何時准令開艙是否係吳熊光先經許令開艙該夷兵然後退出抑果係於夷船退出之後然後准令開艙此一層關係緊要不可代為諱飾又如所稱節次所遞夷稟情詞迫切知惧知感等語究竟該夷商實在遞稟幾次情詞如何迫切因何知惧知感吳熊光節次如何批覆有

五四九　兩廣總督永保奉上諭

著查明吳熊光準令開艙貿易及其所奏擊斃賊目添設營汛等節(嘉慶十三年十二月初四日)

無畏怯失體之處其調赴澳內駐劄之陸路官兵
及在澳外駐防之水師兵船此時嘆咭唎兵船既
已遠去地方一切照常何以尚須嚴防並派有何大員
在彼帶兵所奏尤恐不實不盡永保務皆一一查
明先行據實覆奏再將吳熊光在任數年有何因
循貽誤之處一併詳查據實具奏勿稍瞻徇至吳
熊光此時亦無庸派員伴送來京著永保傳旨令
其自備資斧前往南河効力贖罪又吳熊光另片
奏副將何英在雷州洋面擊沉盜船五隻擊獲大小盜

五四九　兩廣總督永保奉上諭

著查明吴熊光準令開艙貿易及其所奏擊斃賊目添設營汛等節(嘉慶十三年十二月初四日)

船四隻并親自放鎗將執旗賊目一人擊斃落海生擒夥犯四十名口等語何英所斃賊目如祇係尋常盜夥則已倘係有名賊目如總兵寶烏石二之類則該副將實屬出力有功必當加之鼓勵應即保奏請旨甄叙永保到後著提到現獲匪犯等四十人詳加訊問自不難將賊目姓名查出至片内稱錢夢虎腿疾未愈將師船交黄飛鵬孫全謀統領捕盜等語粤省現當勦捕吃緊之時提督大員關係緊要究竟錢夢虎腿疾目下能否全愈其

五四九　兩廣總督永保奉上諭著查明吳熊光準令開艙貿易及其所奏擊斃賊目添設營汛等節（嘉慶十三年十二月初四日）

平日統領師船在洋捕盜是否得力亦著永保據
實查奏又另片奏東海地方移駐營汛召募新兵
一事先經議准辦理茲又請將原議召募新兵之
處改募水師添造船隻配駕以成勁旅等語東海
地方孤懸海外向為盜藪究竟應否添設營汛以
資控制之處亦交永保悉心籌畫即行定議奏明
辦理將此由四百里諭令知之吳熊光原摺均著
發交永保閱看欽此遵
旨寄信前來

五五〇　兩廣總督永保奏折

在途接奉諭旨俟抵粵必定查明英兵在澳門登岸緣由(嘉慶十三年十二月初七日)

永保　接奉　諭旨趕緊赴粵由

片一

奏

十二月十九日

奴才永保跪
奏爲接奉
恩旨感激悚惶現在加緊趕赴粵東緣由謹恭摺由驛覆
奏仰祈
聖鑒事竊奴才昨於貴州途次兩次接奉五百里
廷寄
諭旨蒙

五五〇　兩廣總督永保奏折

在途接奉諭旨俟抵粵必定查明英兵在澳門登岸緣由(嘉慶十三年十二月初七日)

恩垂詢奴才病勢能否剋期赴粵等因奴才於十二月初三日午刻在
貴州鎮遠府途次遵
旨由驛五百里據實覆
奏在案次日丑刻途次又接奉
上諭以昨據吳熊光等奏咲咭唎夷兵全數退出澳門一摺據
稱吳熊光等先於水陸兩途一體密佈置良兵並截其水
路絕其買辦柴米等因欽此所有奴才感激下忱除另繕
摺叩謝
天恩外奴才仰蒙
聖主特令赴粵閱
命下因未悉澳門一切情形又不知吳熊光如何辦理除
奏以致上煩

五五〇　兩廣總督永保奏折

在途接奉諭旨俟抵粵必定查明英兵在澳門登岸緣由(嘉慶十三年十二月初七日)

聖慮。奴才不敢懸揣妄議，是以奴才即就探訪大概情形先行
具
奏。今茲奉
上諭並蒙
勅著吳熊光等具奏原摺並澳門圖説及詢問吳俊奏片
令奴才閲看，奴才尋繹再三，仰見我
皇上聖明燭照
指示周詳
不令示弱於外夷，所以杜其輕視而更要從期於綏靖
大體尤爲至當。
權衡。奴才感悚之餘，莫名欽佩。此次嘆咭唎夷人擅入澳門
擅踞住守，借據砲臺，雖未敢占內地攝踞而其情形誠

五五〇　兩廣總督永保奏折

在途接奉諭旨俟抵粵必定查明英兵在澳門登岸緣由(嘉慶十三年十二月初七日)

如
聖諭該夷人已屬桀驁不恭，若仍准其開艙，不免示之以弱，
更足以啟其輕視之心。且夷情叵測，忽來忽往，甚屬詭詐，
保無別情。奴才惟當趕緊前赴，俟到廣東後即恭傳
諭旨將吳熊光革職，派員伴送進京，並一面會同韓崶將
嘆咭唎夷船因何擅入內地，該處防守官兵因何聽其
盤踞佔據，自七月至今共遞過夷字數次，吳熊光如何批
示，是否業已准令開艙，該夷人係現即退去，並所稱佈置
兵及派員曉諭，究係何人，何兵船，
諭旨各情節及吳熊光在任有無別項劣蹟、賠償廢弛之處，
逐一詳查明確，據實具
奏，斷不敢稍有欺隱。並領遵

五五〇　兩廣總督永保奏折

在途接奉諭旨俟抵粵必定查明英兵在澳門登岸緣由(嘉慶十三年十二月初七日)

硃

訓示，務切曉諭咦咭唎夷人，務在安防動靜，但奴才遙度情

形，吳熊光等原奏摺似乎業已准其開艙納稅（所見甚是，不能未必肯揚帆而去）

以上情形，即奴才到粵確切查明，遵

旨於吳熊光未到京以前先行一一具

奏。至奴才與吳熊光從前同充軍機章京，其情性一切素

所深知，但奴才以滿洲世僕，蒙

聖主豢養生成，疊沐

逾格

天恩，擢授兩廣總督，此係

特恩。奴才遇一確查之事，雖骨肉至親亦不敢稍有隱飾，甘心自取

罪戾。奴才與吳熊光不過舊日同在軍機章京行走，何嘗

私交，無恩無德，更無何敢稍涉徇隱自外

五五〇　兩廣總督永保奏折

在途接奉諭旨俟抵粵必定查明英兵在澳門登岸緣由（嘉慶十三年十二月初七日）

生成惟當迅抵粵東實心查辦以仰副我
皇上訓示諄諄至意所有奴才接奉
諭旨緣由謹恭摺由驛覆
奏再奴才現在已入湖南境不日即抵長沙合併聲明伏乞
皇上睿鑒謹
奏
嘉慶十三年十二月十九日奉
硃批另有旨欽此
十二月初七日

五五一　兩廣總督永保奏折

到粵後將不準英商開艙貿易

（嘉慶十三年十二月初七日）

永保片

再奴才正在書摺拜發間又接奉軍機處四百里字寄奉

嘉慶十三年十一月廿四日奉

上諭常顯奏英吉利大班疊次遞稟懇請開艙經吳熊光嚴

檄駁諭令兵船退出澳門始行開艙其餘各國似應即予

准貿易之理亦未曾懇請開艙等語該國貨船來至內地

原以其向來恭順准其貿易用示懷柔今英吉利國輒敢遣

令兵擅入澳門佔據砲臺經據吳熊光奏令兵已全

退出但自七月至今數月無船貨殊不思且不來據遞切實

悔罪呈稟即使準其呈詞罪不不得遽准開艙僅以治之潤

體制重關頗大難保一二年後該夷實知畏服懇切呈

五五一 兩廣總督永保奏折

到粵後將不准英商開艙貿易

（嘉慶十三年十二月初七日）

諭旨易得再行具奏稱準諭旨永保到粵後該國貨
船如爲藉風帆未經起椗即遵旨不令開艙仍先畏懾攔茲
會同常顯傳諭咪唎㗎等國以嘆咭唎國來兵冒昧入澳
豈以傳此貿易示罰至爾等一毫無不覺自當照常貿易不
必心存觀望也如永保到彼吳熊光等業已准令開艙並
著遵前旨查明因何允准係吳熊光主見係常顯主見
秉公具實參奏片抄寄閱看將此由四百里諭令知
之欽此又奉抄寄常顯奏片並已寄閱看俟到粵後嘆
咭唎國貨船如爲藉風帆未經起椗即遵
旨不令開艙並會同常顯傳諭咪唎㗎等國照常貿易如
吳熊光等業已准令開艙亦因何允准係何人主見照寔查

明晰，並即秉公據實具

奏，斷不敢稍存徇隱。所有遵

諭旨合再附片奏

聞，伏乞

聖鑒。

嘉慶十三年十二月十九日奉

硃批：覽。欽此。

五五二　兩廣總督永保奉上諭著詳查英船何以擅入澳門及一切辦理情形（嘉慶十三年十二月十三日）

軍機大臣　字寄
兩廣總督永　嘉慶十三年十二月十三日奉
上諭永保奏接奉節次諭旨由驛覆奏一摺據稱伊
於廣東地方未經親歷凡遇知悉該省情形者詳
加諮訪所言參差不一其嘆咭唎夷人因何佔據
内地砲臺有無别情必須查明確切方可辦理等
語此時嘆咭唎夷船早已退去永保赶緊趲行于
元旦前後即可抵粤接印應即先赴澳門詳查嘆
咭唎夷船何以擅入内地自七月間灣泊雞頸洋
面登岸佔據砲臺閲時兩月之久始據吴熊光奏

五五二　兩廣總督永保奉上諭著詳查英船何以擅入澳門及一切辦理情形(嘉慶十三年十二月十三日)

到何以如此遲緩及節次降旨嚴飭吳熊光或稱派員曉諭或稱派兵防範或稱批駁夷稟皆係虚詞敷衍未必可信嗣又稱夷人見聖諭嚴明兵威壯盛業已不敢抗違等語夷船駛至澳門住守數月必非無因而來何以又無故而去是否因吳熊光先行准令開艙夷船始行退去該夷人曾遞夷稟幾次吳熊光如何批飭前據吳熊光奏稱提督錢夢虎染患腿疾未愈所調陸路水師官兵又係何人帶領所調滿營官兵是否出省赴澳均未據一一奏及看來該省營伍毫無振作調派亦恐係

五五二　兩廣總督永保奉上諭

著詳查英船何以擅入澳門及一切辦理情形(嘉慶十三年十二月十三日)

空言至夷船既已遠去地方一切照常何以轉須
設兵嚴防永保新授該省總督務須詳細查察倘
此次夷船開帆歸國後或黨衆間復來則係永保
任内之事必當預為籌策永靖邊隅永保應俟澳門
查辦竣事再行回省辦事仍遵前旨先將吳熊光
革職令其自備資斧前往南河効力自贖並將此
數年中該省地方事務有無貽悞廢弛之處一併
查明覆奏至永保摺内稱廣東督撫不和文武不
睦皆臣偏向武職撫臣偏向文員等語永保既有
所聞即當引以為戒現在該省巡撫兩司及將軍

五五二　兩廣總督永保奉上諭著詳查英船何以擅入澳門及一切辦理情形(嘉慶十三年十二月十三日)

副都統等均已簡放更換永保惟應和衷共濟實力整飭地方事宜用副委任將此由四百里諭令知之欽此遵旨寄信前來

五五三　兩廣總督吴熊光奏折　已準令夷商開艙交易並報稅餉盈餘情形(嘉慶十三年十二月十七日)

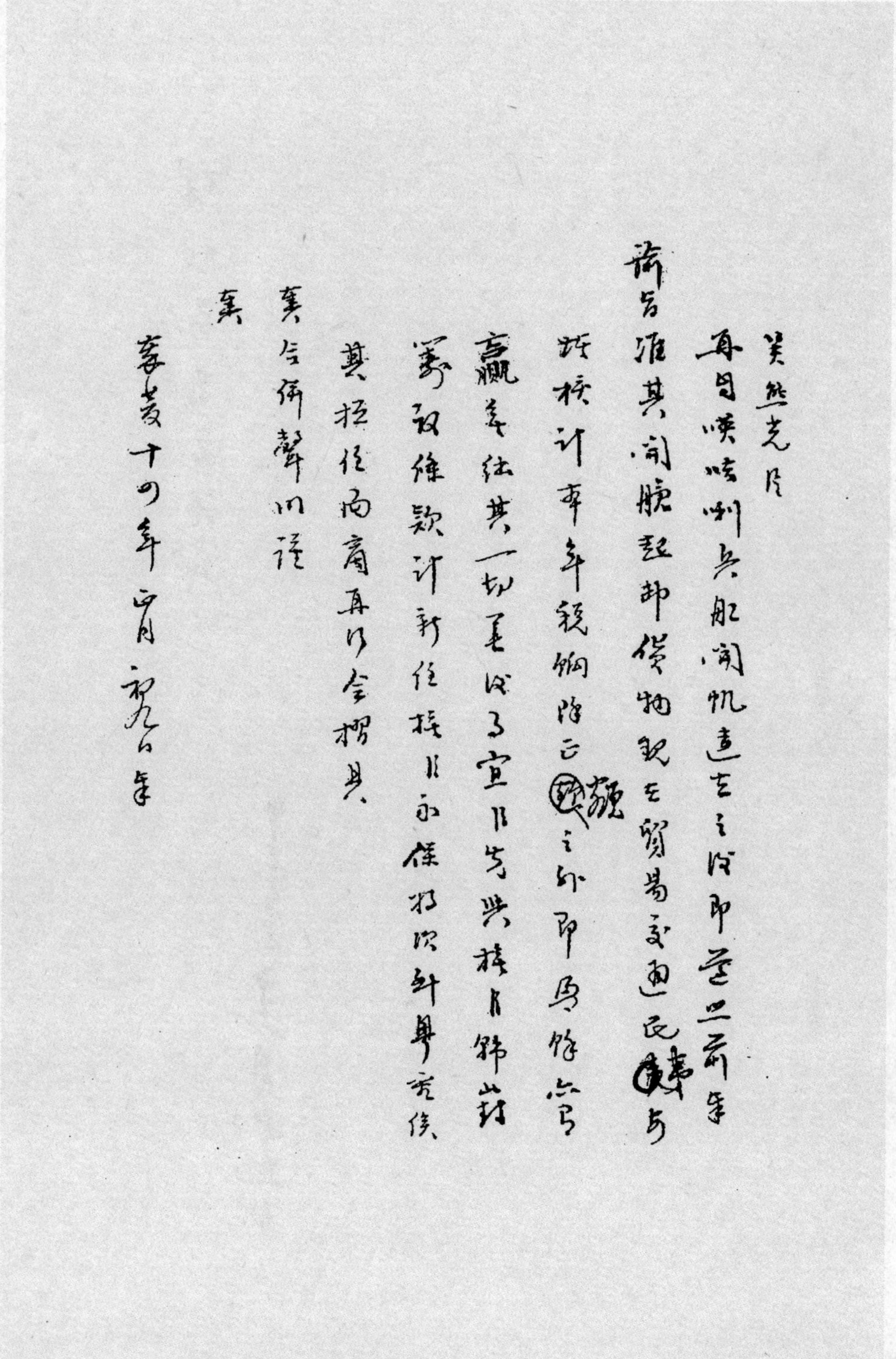

吳熊光片

再查暎咭唎兵船開帆遠去之後即遵照前奉

諭旨准其開艙起卸貨物照常貿易交通已[illegible]安

帖核計本年稅餉除[illegible]之外即與往年

贏[illegible]其一切善後事宜已先與撫臣韓封

籌議條款詳[illegible]往[illegible][illegible][illegible][illegible][illegible]妥後

其[illegible][illegible]商再行會摺具

奏合併聲明謹

奏

嘉慶十四年正月初九日奉

五五三　兩廣總督吳熊光奏折

已準令夷商開艙交易並報稅餉盈餘情形（嘉慶十三年十二月十七日）

硃批另有旨欽此

十三年十二月十七日

五五四　兩廣總督百齡奏折　查明上年英兵入澳係圖占地并吳熊光辦理不當各節(嘉慶十四年四月初八日)

百齡
查係吳熊光辦理㗎咭唎
夷兵入澳一案由
奏　旨　交
隨　片二未交
奏摺五件

四月廿九日

二品頂戴兵部侍郎銜兩廣總督奴才百齡跪
奏為遵
旨查明上年㗎咭唎國夷兵入澳藉名保護西洋隱
圖佔地謀利因不能强據求免開艙驗貨隨經退去矣
朕已料及

五五四　兩廣總督百齡奏折

查明上年英兵入澳係圖占地并吴熊光辦理不當各節（嘉慶十四年四月初八日）

熊光辦理遲延錯謬各情由據實參
奏仰祈
聖鑒事竊奴才於正月內
陛辭時面奉
聖諭令將暎咭唎夷人兵船因何擅入澳門又因何退去緣
由查明確實並
嚴關永綏徼四各
諭旨內飭將吴熊光辦理此事因循遲緩之處畏葸失
體之處是否先經許令開艙夷兵登岸退出貴

五五四　兩廣總督百齡奏折

查明上年英兵入澳係圖占地并吳熊光辦理不當各節（嘉慶十四年四月初八日）

先准閣鈔將吳熊光主見柳孫常顯主見逐一查

明據實參奏奴才於三月二十二日岳山途次接受印

篆當經具摺叩謝

天恩交差賫進並將入境後訪詢夷兵入澳大槩情形

附片奏

聞在案伏查澳門地方雖向係

賞給西洋夷人租住貿易究屬

天朝地界嘆咭唎夷人何敢帶兵前來擅行佔據其中

顯有別情吳熊光接據稟報既不即時具奏又

商貿檔案

五五四　兩廣總督百齡奏折

查明上年英兵入澳係圖占地并吳熊光辦理不當各節（嘉慶十四年四月初八日）

不親往禁諭斥逐究竟是何意見必須詳細訪查才能得其底裏　奴才于接篆之次日馳赴澳門　督同西洋夷人擺列隊伍鼓樂郊迎歡感情形極為恭順　奴才帶同該廳之同知知縣等將澳門各處砲台及要隘形勢詳加履勘　並隨查在澳居住之西洋夷人嗎嚟哆等男婦共四千九百六十三名又有各國經理貿易留寓之嘆咭唎夷人唎咈等四名嗊囒夷人哇嘛嗲等七名嗹國夷人嚐嚇吡等四名呂宋夷人嗎玉等九名

五五四　兩廣總督百齡奏折

查明上年英兵入澳係圖占地并吴熊光辦理不當各節(嘉慶十四年四月初八日)

單鷹國夷人啤𠰻等二名均甚安靜，具付呈
西洋夷目嘍嚟哆等面加詢問，以昭西洋夷人
仰賴
天朝恩庇，在澳居住生聚已二百餘年。上年暎唎咭
夷兵入澳，不能竭力防阻，特其雖蒙
大皇帝念爾儒弱，不加責罰，自當益知感激。以昭上年
者暎咭唎爲恐咈囒哂侵擾澳門，帶兵前來
保護，必係飾詞。此時若將實情說出，據通事述話
夷目稱上年暎咭唎國兵頭啲嚕哩等來說等

五五四　兩廣總督百齡奏折

查明上年英兵入澳係圖占地并吴熊光辦理不當各節(嘉慶十四年四月初八日)

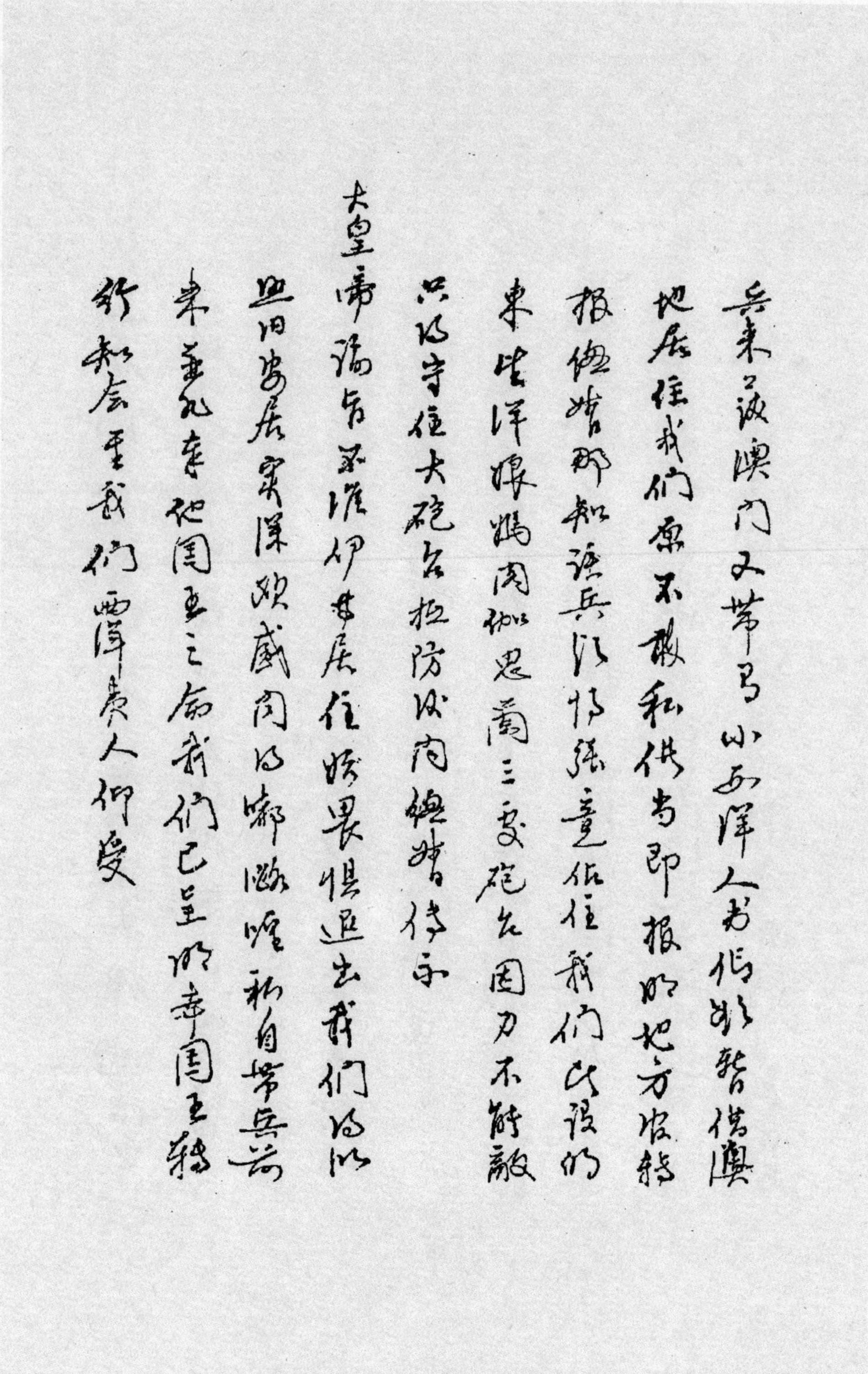
兵來了該澳門又帶了小西洋人去作幫替保澳
地居住我們原不敢私供當即報明地方官轉
報總督那知該兵頭恃強竟佔住我們所設的
東望洋娘媽閣伽思蘭三處砲台因力不能敵
只得守住大砲台抵防以候總督傳示
大皇帝諭旨不准伊等居住始畏懼退出我們得以
照舊安居實深欽感內得鄉感惶私自帶兵前
來並非奉他國王之命我們已呈明本國王轉
飭知會重我們西洋夷人仰受

五五四　兩廣總督百齡奏折

查明上年英兵入澳係圖占地并吴熊光辦理不當各節(嘉慶十四年四月初八日)

天恩在澳居住貿易多得利益㗎咭唎國久已感戴

想來佔奪生理實是真心惟他們已知懼怕仍與

我輩夷人仍設計將從前不敢將其來意害

出恩地積恨尋仇這是苦衷其語為才又傳噂在

澳之㗎咭唎夷商嘞佛嘫詢向諒貴商尚以

㗎咭唎兵丁係來保護西洋生意為詞及欺

詐以澳門為詞所言行作

硃

天朝地界暗啣仇意欲前來侵佔即或少有不遂

天朝自有大兵剿逐何待外國兵保護此係藉詞

五五四　兩廣總督百齡奏折

查明上年英兵入澳係圖占地并吴熊光辦理不當各節(嘉慶十四年四月初八日)

因你國王向來恭順是以
大皇帝准令交易使你國得沾
恩澤中華財物充盈不藉你國區區之貨稅今你國
兵頭無知妄犯實屬冒昧現奉
大皇帝諭旨不許你國來粵貿易我已遵奉傳諭
地方官及行商引水人等一律飭禁此皆你國
自絕生路等語今通事嚴行傳諭知該夷以手
指心語言低塞其情狀頗覺惶悚擬譯稱因遲
吩咐兵頭與嘮嘅嚧恐該耶哂來澳阻隔嘆咭

五五四　兩廣總督百齡奏折

查明上年英兵入澳係圖占地并吴熊光辦理不當各節(嘉慶十四年四月初八日)

喇生理不及禀明國王即帶兵來澳保護原欲
求見總督面稟因總督不見是以遲延數月後
奉
大皇帝諭旨不准在澳居住即行退回不敢抗違但上
岸未先禀明自知冒昧求代奏
大皇帝免罪我們已禀明本國王自必嚴懲處治
再不許兵船前來滋事至於嘆咭唎欲佔西洋生
意一層更係傳言實無此意等語並取嘆咭
喇英商喇啡特匿英字稟結二件漢字稟結

五五四　兩廣總督百齡奏折

查明上年英兵入澳係圖占地并吴熊光辦理不當各節（嘉慶十四年四月初八日）

二件西洋夷目嘆嚟哆亦呈具漢字夷押稟
一件前來與譯閱稟內詞意与前該夷所言
大略相同臣查西洋夷人在澳門居住每年只
納地租銀五百兩所來貨船二十五隻止征船料
不納貨稅較他國歲省銀不下數十萬兩西洋
夷人貪利並得澳地餘屋轉租各國夷商居住
每年所得租銀亦復不貲唊咭唎在諸夷中最
為強悍此時欺侮西洋微弱帶兵前來逼令讓
住並妄冀懇求允准遂其　擬為利藪乃復藉名

五五四　兩廣總督百齡奏折

查明上年英兵入澳係圖占地并吳熊光辦理不當各節（嘉慶十四年四月初八日）

保護以期隱肆其奸即如該夷商喇咈尚
稱並無圖佔之意該夷語言甚狡猾情形愈譎
愈易迷惑不能遂其所欲遂亦閉艙以作回國之
費是噗咭唎來者保商奴才詢之文武各官訪之
在澳者民所言大率數此別無起釁端倪亦
並無在內地滋擾情事雖該夷動幻詐異常
其所稱已經寄知該國王兵船必不再來之語雖
難憑信奴才亦惟有嚴飭地方官弦為防範一面籌
議章程控制再查吳熊光辦理此事自上年

硃

五五四　兩廣總督百齡奏折

查明上年英兵入澳係圖占地并吳熊光辦理不當各節(嘉慶十四年四月初八日)

硃　硃　硃　硃　硃　硃

七月二十一二等日該夷兵船來至虎門外雞
頸洋面停泊八月初二日即抵澳門上岸佔據
西洋砲台節次據地方文武各官及西洋夷目稟
報吳熊光批令香山協副將澳門同知照常防
範並令洋商前往傳遵慰遲至十七日見該夷不
退諭令封艙仍委知府陳鎮遊擊祁世和前
往詢問該夷兵頭欲求見總督面言吳熊光隨
不傳見面詢府縣又未添派大員經前節經
遊擊祁世和香山縣彭昭麟請派官兵堵逐吳

五五四　兩廣總督百齡奏折

查明上年英兵入澳係圖占地并吳熊光辦理不當各節(嘉慶十四年四月初八日)

硃
熊光亦係據以靜鎮不可將皇彼時西洋人亦
硃
有澳內居民四散澳夷將倭伦令之商停為山
斷絕貿易熊光據委親往查辦護送兵頭見無
準備遂於九月初一二等日將兵船三隻駛進
虎門便泊近省城四十里之黃埔地方吳熊光因
於初八日具
奏請將師船內之系山虎門西處兵丁抽撥回營
防範並令碣石鎮黃飛鵬督帶師船二十餘隻
偕同紅單船十餘號在省河一帶灣泊至于

五五四 兩廣總督百齡奏折

查明上年英兵入澳係圖占地并吴熊光辦理不當各節（嘉慶十四年四月初八日）

三百該夷兵頭復同二兵頭帶領夷目數餘名
夷兵四百餘名水手二百餘名駕坐三板艇船三
十餘隻由黃埔至省城外十三行停住求見撫
臣吳熊光又派廣州府福明副將張鍈前往曉
諭該夷人聲稱懇請總督奏明
砵
大皇帝如蒙允准在澳寓住倘不蒙
磔
恩准然後退去嗣後吳熊光總未面見祇令其回至黃
埔候
旨並飭禁買辦伙食該夷人漸覺慌急於二十六日又駕三板

五五四　兩廣總督百齡奏折

查明上年英兵入澳係圖占地并吳熊光辦理不當各節（嘉慶十四年四月初八日）

船數十隻來省欲向十三行裝取貨物官兵喝阻不理睬
硃
總兵黃飛鵬（尚有膽氣）令兵丁嚇擊一炮轟斃夷兵一名受傷三名
硃
該夷兵並未回放鎗炮即退回黃埔維時不但黃埔民人咸
慶遷避即省城外商民無不驚慌移徙居城內並有地
方爛惡匪徒蜂聚數千人竟欲乘勢搶劫經南海番禺
硃
二縣派令丁役晝夜防範始就寧貼幾至釀成事端至十
月初十日奉到
諭旨飭令曉諭該夷人即速撤兵開帆不可停留倘有不遵統
兵勦辦吳熊光遂於十二日撤調營哨提鎮各標官兵

五五四　兩廣總督百齡奏折

查明上年英兵入澳係圖占地并吴熊光辦理不當各節(嘉慶十四年四月初八日)

二千六百名派令參將明姓徐錦寶遊擊祁世和都司老
格守備李福泰等處帶在於黃埔及澳門駐札防守
並未攻擊至十六日明所奉
諭旨內將諭該夷緣由叙札飭委福明姓援赴黃埔宣示該
夷兵當即畏懼情願撤兵速退因無火食先求買辦吴熊
硃
光準其買辦該夷兵復求開艙吴熊光諭令全行退去
始再行開艙該夷兵遂於十月十五六等日將兵船退出虎門
十一月初二三日在澳門之夷兵亦陸續退至外洋等候吴
硃
熊光知會監督常顯即於十一日開艙該夷船始行遠去此

五五四　兩廣總督百齡奏折

查明上年英兵入澳係圖占地并吳熊光辦理不當各節（嘉慶十四年四月初八日）

暎咭唎夷人兵船強踞澳門繼進虎門往來黃埔省城
數月之情形及吳熊光辦理此事之前後原委也臣伏查
暎咭唎夷人兵船踞澳固屬恃強但始終未敢有抗拒形
狀若當其始至求見之時吳熊光早為明白詢示詞嚴義
正挾其奸謀詭詐無難斥退即使果有覬覦懾以兵威亦
必知所畏憚而去乃遷延月餘而後入
硃奏又遷延月餘而後調兵進駐夷兵情願退回即準其開艙
識如
硃聖諭開艙雖在夷兵既退之後而許其開艙則在夷兵未退之先其

五五四　兩廣總督百齡奏折

查明上年英兵入澳係圖占地并吳熊光辦理不當各節（嘉慶十四年四月初八日）

聽任吳熊光通判監督常顯詢訊常顯亦見　臣細察吳熊
光之意始則托詞鎮靜或冀夷兵速退即可消弭此事繼
因該夷兵敢駛進虎門竟至黃埔復至省城門外又難掩
飾始行具
奏迨奉
廷諭指示尚復視為尋常又復不即親往設法驅逐因循數月
係示弱失體殊屬咎無可辭　臣業經查明不敢隱諱謹據實
參
奏請

五五四 兩廣總督百齡奏折

查明上年英兵入澳係圖占地并吴熊光辦理不當各節（嘉慶十四年四月初八日）

硃諭罷以示懲儆並前據日所委庭會將此事並不將前後實情自

行具

硃

奏亦有不合經今一併附參再臣三月二十四日由澳門履勘後

回至香山縣即從水路於二十七八九等日至虎門蓮花門黃埔一

帶查閱洋面炮臺及地方情形四月初三回省所有

應行籌議控制章程及酌定華夷貿易各宜現與撫臣

韓崶等悉心會商妥議俟籌定再行恭摺奏請

訓示外合將嘆咭唎夷商所呈夷字呈詞二件及譯出漢字稟

詞二件並西洋夷目漢字夷押字一件恭呈

五五四　兩廣總督百齡奏折

查明上年英兵入澳係圖占地并吳熊光辦理不當各節（嘉慶十四年四月初八日）

御覽伏乞
皇上睿鑒謹
奏
嘉慶十四年四月初八日

硃批：另有旨。欽此

四月初八日

五五五　兩廣總督百齡奉上諭著確查英船入澳日期（嘉慶十四年四月三十日）

軍機大臣　字寄
二品頂戴兩廣總督百　嘉慶十四年四月三
十日奉
上諭昨日訊問吳熊光據供暎咭唎夷兵入澳一事
於八月初四日始據地方官禀報等語暎咭唎夷
船来至虎門外雞頸洋面係在上年七月二十一
二等日抵澳登岸係在八月初二日已據百齡查
明具奏唯地方官禀報總督日期百齡祇稱節次
據地方文武各官及西洋夷目禀報並未查明實
在日期如果地方文武於此等要緊公務禀報遲
延自有應得之咎即當一併恭奏著百齡將地方
官是否於八月初四日具禀之處詳細確查據實
奏聞將此遇百齡奏事之便傳諭知之欽此遵
旨寄信前来

五五六　軍機大臣董誥奏折

訊問吴熊光驅退英兵不力緣由繕録口供呈覽(嘉慶十四年四月三十日)

臣董誥等謹

奏臣等遵

旨派員將吴熊光拘拿到部按照百齡所奏逐層訊

問令其據實登覆吴熊光伏地叩頭實深惶懼

惟稱辦理不善辜負

天恩只求從重治罪謹繕録供詞恭呈

御覽謹

奏

四月三十日

五五七　軍機大臣奏折

吴熊光所稱英兵擅入澳門未即驅逐辦理種種不當情形(嘉慶十四年四月三十日)

等遵

旨詢問吴熊光據吴熊光伏地碰頭跪稱我由軍機

章京仰蒙

高宗純皇帝厚恩令隨同軍機大臣行走旋

擢用直隸藩司又蒙

皇上逾格鴻施疊任督撫分應殫竭血誠諸事妥協

經理上年七月二十九日嘆咭唎夷兵擅入澳

門佔據西洋人防守海口砲臺我因事屬創見

調查總督衙門有無成案查得嘉慶七年該國

五五七　軍機大臣奏折

吴熊光所稱英兵擅入澳門未即驅逐辦理種種不當情形（嘉慶十四年四月三十日）

兵船欲佔住萬山及虎門外沙角山頭經前任
督臣吉慶等派員前往曉諭兩月有餘即行撤
退返棹未經具
奏我一時糊塗想仿照辦理如嘆咭唎夷兵亦即
撤退即可不致上煩
宵旰迨派熟諳夷情之知府陳鎮遊擊祁世和嚴切
曉諭該夷目雖不敢在澳滋事而意存觀望以
伊國與西洋同係夷人希冀轉奏邀
恩允准居住是以我與撫臣孫玉庭等再四商酌於

五五七　軍機大臣奏折

吴熊光所稱英兵擅入澳門未即驅逐辦理種種不當情形(嘉慶十四年四月三十日)

九月初四日始行具
奏並調派水陸官兵容為預備嗣奉到
諭旨我即遵照復令原派之陳鎮等恭宣
聖諭該夷等震懾
天威於十月初三日全數下澳初七日起椗回國此
具奏遲延之原委也總之我受
恩深重非尋常可比我身任總督夷人既擅入澳門
就是我的不是又因虎門亦關緊要在省可以
兼顧未即帶兵親赴澳門且於接奉

五五七　軍機大臣奏折

吴熊光所稱英兵擅入澳門未即驅逐辦理種種不當情形（嘉慶十四年四月三十日）

嚴旨申飭後始自行請罪種種錯謬追悔無及皆由
我病後精神照料不周遇事過慮因慎重而轉
致遲延實屬罪無可辭乃蒙
皇上俾予褫職不加重譴實在感激戰慄更無可説
等語謹
奏

五五八　原兩廣總督吴熊光口供（嘉慶十四年四月三十日）

四月廿日
刑部奏

吴熊光供所有辦理暎咭唎一事我於八月初四日始接據香山文武稟報我因想仿照嘉慶八年辦法先派洋商及續派文武員弁前往曉諭又居住省城方可兼顧虎門未即親往各緣由前已供明在案我於九月初四日具奏時尚未知該國兵船私進虎門之信師船是我於九月初四日以前即行檄調並將香山官兵發回防守澳内居民係聞我要封澳有散出者彼時尚未封澳何至澳夷之食地方官稟報未免稍

涉張皇是以我批令鎮静辦理我將香山官兵
發回後澳内散出之民亦遂安堵復業我曾於
九月十九日將撤調師船暨發回香山官兵各
緣由附奏在案其督撫提標及廣州協官兵亦
係我先期挑備該夷兵目與大班等帶同水手
人等於九月二十三日駕坐三板艇船由黄埔
進省求見係據洋商轉禀我因該夷目等皆係
陪臣是以照例派兵站隊並知會前撫臣孫玉
庭來署同坐大堂傳伊進見該夷目等見我坐大

堂遂不敢來見是以我飭令回船聽候並禁止
三板不准私自上省免致省城居民驚慌因該
夷人三板有仍行來省者我隨告知碣石鎮黄
飛鵬如該三板不服驅逐即放砲轟擊該鎮係
照我的話辦理該兵目等見師船放砲此後隨
不敢來省十月初十日奉到
諭旨我隨派員前往宣諭並斷其糧食在澳夷兵即
於十一月初二三日全數退出初七日揚帆回
國初八九日該國大班來省央求初十日我始

五五八　原兩廣總督吳熊光口供（嘉慶十四年四月三十日）

遵照
諭旨知會監督常顯該監督於十一日准其開艙照
舊貿易均經我會同前撫臣孫玉庭現任撫臣
韓葑先後具
奏我並自行具摺請罪在案此次嘆咭唎夷人窺
伺澳門原為牟利起見並未敢傷一兵一民但
我受
恩深重身任總督於此等重大邊情既未即時帶兵
親往失之軟弱又奏報遲延且於該夷目來省

五五八　原兩廣總督吴熊光口供（嘉慶十四年四月三十日）

求見及驅逐夷人時曾用砲轟擊等情九月二
十七日具
奏摺内亦未詳晰聲明這總是我病後精神照料
不周以致種種錯謬辜
恩溺職只求轉奏將我從重治罪更有何説

五五九　粵海關監督常顯奏折

報告接收關庫錢糧數目（嘉慶十四年十月初四日）

奴才常顯跪

奏為恭報接收交代關庫錢糧數目緣由仰祈

聖鑒事竊准兩廣督臣百齡移交税課款項並庫貯

銀兩奴才按册逐款查核庚午年分關税自嘉慶

十三年三月二十六日起連閏扣至十四年二

月二十五日止一年期内大關各口共征銀一

百四十五萬七千二百一兩零除支銷通關經

費銀三萬六千四百七十一兩零借墊洋商捐

輸南河工用銀十五萬兩

五五九　粵海關監督常顯奏折　報告接收關庫錢糧數目（嘉慶十四年十月初四日）

奏明隨餉繳還又撥解藩庫本省捕盜經費銀五萬兩實存庫銀一百二十二萬七百三十兩零又收回洋商繳還借捐南河工用銀十五萬兩另存平餘罰料銀四千二百二十六兩零辛未年分關稅奴才管理任内自嘉慶十四年二月二十六日起至四月十一日止計一個月零十六日大關各口共征銀一萬六千一百五兩零督臣百齡兼署關務任内自本年四月十二日起至九月初五日止計四個月零二十四日大關

各口共征銀二十一萬八百七十二兩零二共
征銀二十二萬六千九百七十八兩零内除支
銷通關經費銀九千八百十四兩零各口已征
未解銀五千八百二十兩零洋商未完進口夷
税銀十七萬三千四百四兩零實存庫銀三萬
七千九百三十八兩零另存平餘銀一百四十
二兩零又存新舊洋商捐輸南河工用候撥未
解銀四十五萬兩以上税課款項並存庫銀兩
數目均屬相符内洋商未完辛未年分夷税例

五五九　粵海關監督常顯奏折

報告接收關庫錢糧數目

(嘉慶十四年十月初四日)

應滿關後六個月征齊起解帑仍遵舊定章程
按限督催完納其各口已征未經解到銀兩現
在趕緊催解以期迅速清款不敢貽悞除循例
恭疏
題報外所有帑接收關庫錢糧緣由理合恭摺具
奏伏乞
皇上睿鑒謹
奏
知道了户部知道
嘉慶十四年十月　初四　日

五六〇 粵海關監督常顯奏折

報解關稅盈餘銀兩數目（嘉慶十四年十月初四日）

奴才常顯跪

奏爲恭報起解關稅盈餘銀兩數目仰祈

聖鑒事。竊照粵海關每年起解正雜銀兩，例應具摺

奏報。茲查奴才管理庚午年分關稅，自嘉慶十三年

三月二十六日起，連閏扣至十四年二月二十

五日止，一年期内共征銀一百四十五萬七千

二百一兩七錢七分七厘，前經專摺

奏明在案。茲當委員起解，應將收支實數分晰造

報。查庚午年分共征銀一百四十五萬七千二

百一兩七錢七分七厘內正項盈餘銀九十五
萬五千八百九十四兩六錢五厘除循例支出
銀四萬兩銅斤水脚銀三千五百六十四兩移
交藩庫取有庫收送部查核又借墊洋商捐輸
南河工用銀十五萬兩
奏明隨餉繳還又奉
旨撥解本省捕盗經費銀五萬兩尚存正羨銀七十
一萬二千三百三十兩六錢五厘又雜羨盈餘
銀五十萬一千三百七兩一錢七分二厘除支

五六〇　粤海關監督常顯奏折（報解關税盈餘銀兩數目）（嘉慶十四年十月初四日）

出通關經費養廉工食及鎔銷折耗等銀四萬三千三百五十九兩九錢二分三厘又支出解交造辦處裁存備貢銀五萬五千兩又支出動支報解水脚銀四萬五千八百九十四兩三分六厘部飯食銀三萬六千一十七兩四錢五分四厘尚存雜羨銀三十二萬一千三十五兩七錢五分九厘共存解部正雜盈餘銀一百三萬三千三百六十六兩三錢六分四厘動支報解水脚銀四萬五千八百九十四兩三分六厘部

飯食銀三萬六千一十七兩四錢五分四厘洋
商繳還借捐南河工用銀一十五萬兩又應解
造辦處裁存備貢銀五萬五千兩又另款洋商
備繳辦貢銀五萬五千兩另解平餘罰料截曠
等銀八千六百一十四兩八錢二分三厘查此
項平餘等銀係遵照户部
奏准於奏銷盈餘摺内按数剔除入於本案報銷
不歸併盈餘項下再查粵海關解部稅銀每千
兩向有加平銀十五兩添入鞘内今庚午年分

五六〇　粤海關監督常顯奏折　報解關稅盈餘銀兩數目（嘉慶十四年十月初四日）

遵
旨撥解本省捕盜經費銀五萬兩所有加平銀兩毋
庸添入計溢出添平銀七百五十兩一并另款
解赴户部以清年款合併聲明除循例恭疏
題報並按欵備具文批於嘉慶十四年九月初八
等日委員分起解赴户部造辦處分别交納外
謹將庚午年分關稅收支存解数目繕摺具
奏伏乞
皇上睿鑒謹

五六〇　粤海關監督常顯奏折

報解關税盈餘銀兩數目

（嘉慶十四年十月初四日）

奏

户部知道

嘉慶十四年十月　初四　日

五六一　粵海關監督常顯奏折

報告一年期滿經征關稅數目
（嘉慶十五年三月二十四日）

奴才常顯跪

奏為恭報經徵關稅一年期滿數目仰祈

聖鑒事竊照粵海關徵收正雜銀兩向例一年期滿

先将總數

奏明俟查核支銷確數另行恭疏具

題並分款造冊委員解部歷年遵照辦理又嘉慶

四年五月承准户部劄行奉

上諭向来各關徵稅於正額之外将盈餘一項比較

上三屆徵收最多年分如有不敷即着經徵之員

五六一　粤海關監督常顯奏折

報告一年期滿經征關税數目（嘉慶十五年三月二十四日）

賠補以致司榷各員藉端苛斂而賠繳之項仍未能如數完交徒屬有名無寔因思各關情形不同所有盈餘數目自應酌中定制以歸核寔而示體恤已於户部所奏各關盈餘銀數清单内經朕查照往年加多之數分别核减自此次定額之後倘各關每年盈餘於新定之數再有短少即行着落賠補如於定數或有多餘亦即儘收儘解其三年比較之例着永行停止並奉

欽定粤海關盈餘銀八十五萬五千五百兩欽此欽

五六一　粤海關監督常顯奏折

報告一年期滿經征關税數目
(嘉慶十五年三月二十四日)

遵各在案兹查辛未年分關税䝉管理任内自嘉慶十四年二月二十六日起至四月十一日止計一個月零十六日大關各口共徵銀二萬二千八百兩一錢五分五厘兩廣督臣百齡兼署任内自四月十二日起至九月初五日止計四個月零二十四日大關各口共徵銀二十二萬七千九百九十六兩一錢一分一厘䝉回粤任内自九月初六日起至十五年二月二十五日止計五個月零二十日大關各口共徵銀一

百一十五萬七千八百四十五兩五錢九分八
厘統計一年期內共徵銀一百四十萬八千六
百四十一兩八錢六分四厘核與
欽定盈餘銀數計溢收銀五十五萬三千一百四十
一兩零除分別造具清册送部外理合恭摺具
奏伏乞
皇上睿鑒謹
奏
嘉慶十五年三月 二十四 日
戶部知道

五六二　粵海關監督常顯奏折

報解關税盈餘銀兩數目

（嘉慶十五年九月初九日）

奴才常顯跪

奏爲恭報起解關税盈餘銀兩數目仰祈

聖鑒事竊照粵海關每年起解正雜銀兩例應具摺

奏報茲查辛未年分關税奴才管理任内自嘉慶十

四年二月二十六日起至四月十一日止計一

個月零十六日大關各口共征銀二萬二千八

百兩一錢五分五厘兩廣督臣百齡兼署任内

自四月十二日起至九月初五日止計四個月

零二十四日大關各口共征銀二十二萬七千

五六二　粵海關監督常顯奏折

報解關税盈餘銀兩數目
(嘉慶十五年九月初九日)

九百九十六兩一錢一分一厘，㕘回粵任内自
九月初六日起至十五年二月二十五日止，計
五個月零二十日，大關各口共征銀一百一十
五萬七千八百四十五兩五錢九分八厘，統計
一年期内共征銀一百四十萬八千六百四十
一兩八錢六分四厘，前經專摺
奏明在案。兹當委員起解，應將收支實數分晰造
報。查辛未年分共征銀一百四十萬八千六百
四十一兩八錢六分四厘，内正項盈餘銀八十

五六二 粵海關監督常顯奏折

報解關税盈餘銀兩數目

(嘉慶十五年九月初九日)

七萬一千六百七兩三錢一釐除循例支出銀四萬兩銅斤水脚銀三千五百六十四兩移交藩庫取有庫收送部查核又上年督臣百齡等奏請捐辦捕盜經費案内欽奉上諭着於粵海關税銀項下賞給銀二十五萬兩每年撥給五萬分作五年撥竣欽此欽遵在案今辛未年分又撥銀五萬兩尚存正羨盈餘銀七十七萬八千四十三兩三錢一釐又雜羨盈餘銀五十三萬七千三十四兩五錢六分三釐除支

出通關經費養廉工食及鎔銷折耗等銀四萬一千七百五十三兩一錢五分五厘又支出解交造辦處裁存備貢銀五萬五千兩又支出動支報解水脚銀四萬四千二百一十三兩八錢三厘部飯食銀三萬四千七百三十三兩七錢五分七厘尚存雜羨銀三十六萬一千三百三十三兩八錢四分八厘共存解部正雜盈餘銀一百一十三萬九千三百七十七兩一錢四分九厘動支報解水脚銀四萬四千二百一十三

五六二　粤海關監督常顯奏折

報解關稅盈餘銀兩數目
(嘉慶十五年九月初九日)

兩八錢三厘部飯食銀三萬四千七百三十三兩七錢五分七厘又另案洋商前在乙丑年分關稅借捐衡工案内繳還末限銀三萬七千五百兩丙寅年分關稅借捐造船經費案内繳還末限銀四萬兩戊辰年分關稅借捐捕盜公費案内繳還初限銀三萬兩又應解造辦處裁存備貢銀五萬五千兩又另款洋商備繳辦貢銀五萬五千兩另解平餘截曠等銀八千三百三十八兩五錢九分四厘查此項平餘等銀係遵

五六二 粵海關監督常顯奏折 報解關税盈餘銀兩數目(嘉慶十五年九月初九日)

照户部
奏准於奏銷盈餘摺内按數剔除入於本案報銷
不歸併盈餘項下再查粵海關解部税銀每千
兩向有加平銀十五兩添入鞘内今辛未年分
撥解本省捕盗經費銀五萬兩所有加平銀兩
毋庸添入計溢出添平銀七百五十兩一并另
欵解赴户部以清年欵合併聲明除循例恭疏
題報並按欵備具文批於嘉慶十五年九月初十
等日委員分起解赴户部造辦處分别交納外

五六二　粤海關監督常顯奏折

報解關税盈餘銀兩數目
(嘉慶十五年九月初九日)

謹將辛未年分關税收支存解數目繕摺具
奏伏乞
皇上睿鑒謹
奏
知道了

嘉慶十五年九月　初九　日

五六三　兩廣總督百齡奏折

英國撤換來粵大班緣由

（嘉慶十六年正月二十三日）

奴才百齡跪

奏。奴才正在封摺拜發間，適奉寄回

硃批各摺，於奴才漏寫摺尾年字，蒙[illegible]要摺內事到

批諭等細事不必交議，但[illegible]設有重大交議[illegible]

奉[illegible]招[illegible]識也[illegible]又非[illegible]情

減[illegible]時沈[illegible]

恩摺內奉到

批諭[illegible]先行[illegible]工[illegible]

此奏奉

硃[illegible]

[illegible]

[illegible]

五六三　兩廣總督百齡奏折

英國撤換來粵大班緣由
（嘉慶十六年正月二十三日）

人情之常不可以王法繩治也此二人係西幫洽首擬
賞免厚債意者向又自稔熟悉海洋情形鄉之目
爲不別繩之又廣微更積久倘無悔則安頓又生
枝節矣並無調停他貨自露形迹清患未靖
且了事未起民情大定亦之人士不致又犯刑章
生所懼者再此之移解西降被擄曾從克匪回籍其
業甘願克務者不下數千人雖交所屬分投安插
然事覺難于收局之後可給資費隨手押解歸分
別無生計無生之奉者恆心或閱已久兼自逸逸或
仍竄海洋亦在屈指自連必須放撤嗣後兵功
者業已如擇其年力少壯者分撥各營伍當
差其老弱者報給兵糧仍責成文武員弁嚴加

五六三　兩廣總督百齡奏折

英國撤换來粤大班緣由

（嘉慶十六年正月二十三日）

諭東與飭之總兆候奏曉以令其銀呈便據
查以防其滋弊其已經此番嚴切撤換放信
須照切勿姑息，務勉力毋忽，特諭該大班閱之
下撫應檢計不請益惟長洋商以冀自秋間由省
省回省田地後精神恍惚以致
奏摺專件編寫朱字，惭悚方深，仍蒙
皇上天恩，照見實誠，該夷
訓誡洋商以杜物議
務令策勵
聖鑒思深，曷勝向
命。誓心率此，念第伏念，曷上荷
皇恩，再造重任，封疆，奉為銀了微勞，仰副帝
意

五六三　兩廣總督百齡奏折

英國撤換來粵大班緣由

（嘉慶十六年正月二十三日）

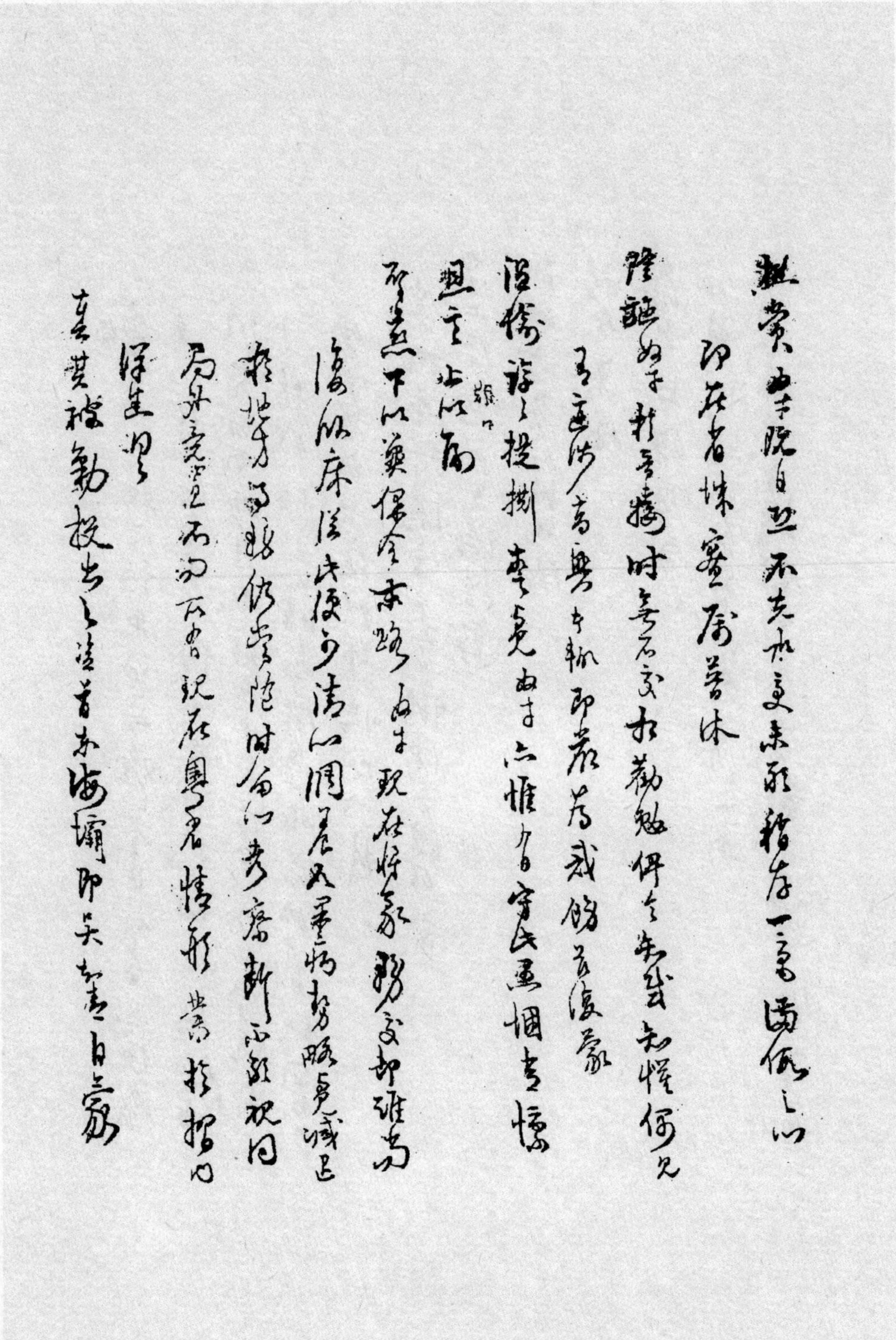
欽賞奴才既自知不先行文來粵稽查一節[illegible][illegible]以
仰荷[illegible][illegible][illegible][illegible]休
陛諭奴才於奏摺時[illegible]不[illegible]於勸勉俾令[illegible][illegible]知懼何見
[illegible][illegible][illegible][illegible][illegible]奴才輒即嚴為戒飭並[illegible][illegible]
恩[illegible]諄諄提撕[illegible][illegible]奴才亦惟有[illegible][illegible][illegible]悃之懷
聖主[illegible]顧
所慮下以[illegible]保全來路奴才現在將[illegible]務交卸班為
[illegible]經[illegible][illegible]使之清心閱[illegible][illegible][illegible][illegible][illegible][illegible]減[illegible]
[illegible][illegible][illegible][illegible][illegible]隨時留心考察新[illegible][illegible]祇[illegible]
[illegible][illegible][illegible][illegible]不[illegible][illegible][illegible]現在粵省情形[illegible]並將[illegible]
保全[illegible]
奏其[illegible]勅撥出之[illegible][illegible][illegible]海疆即矣[illegible][illegible]自之處

五六三　兩廣總督百齡奏折
（嘉慶十六年正月二十三日）
英國撤換來粵大班緣由

通事黎先成罪之後即押令回國當將[illegible][illegible]該匪原籍
並未居住省城人所共知該匪年已五十九歲聞其
回國甚屬安分倘將來諭[illegible]據情即[illegible][illegible]
者亦已深知無論地方無插離其鄉井更易[illegible]
必不能保於投誠後力圖報効此由因其在粵
洋[illegible]叙中素稱強悍年甫二十七歲且係
少俟調飭隨同驅[illegible]以安[illegible]不[illegible]以[illegible]伊[illegible]
[illegible]之功[illegible][illegible]
[illegible]務以護之勵之將備等教演之馬講習[illegible][illegible]
以堅其向上之志[illegible][illegible][illegible][illegible][illegible]係以[illegible][illegible][illegible]
加請嚴當[illegible][illegible][illegible][illegible][illegible]是[illegible][illegible]之文特保[illegible][illegible]
皇上睿鑒訓示謹奏

五六三　兩廣總督百齡奏折

英國撤换來粤大班緣由

(嘉慶十六年正月二十三日)

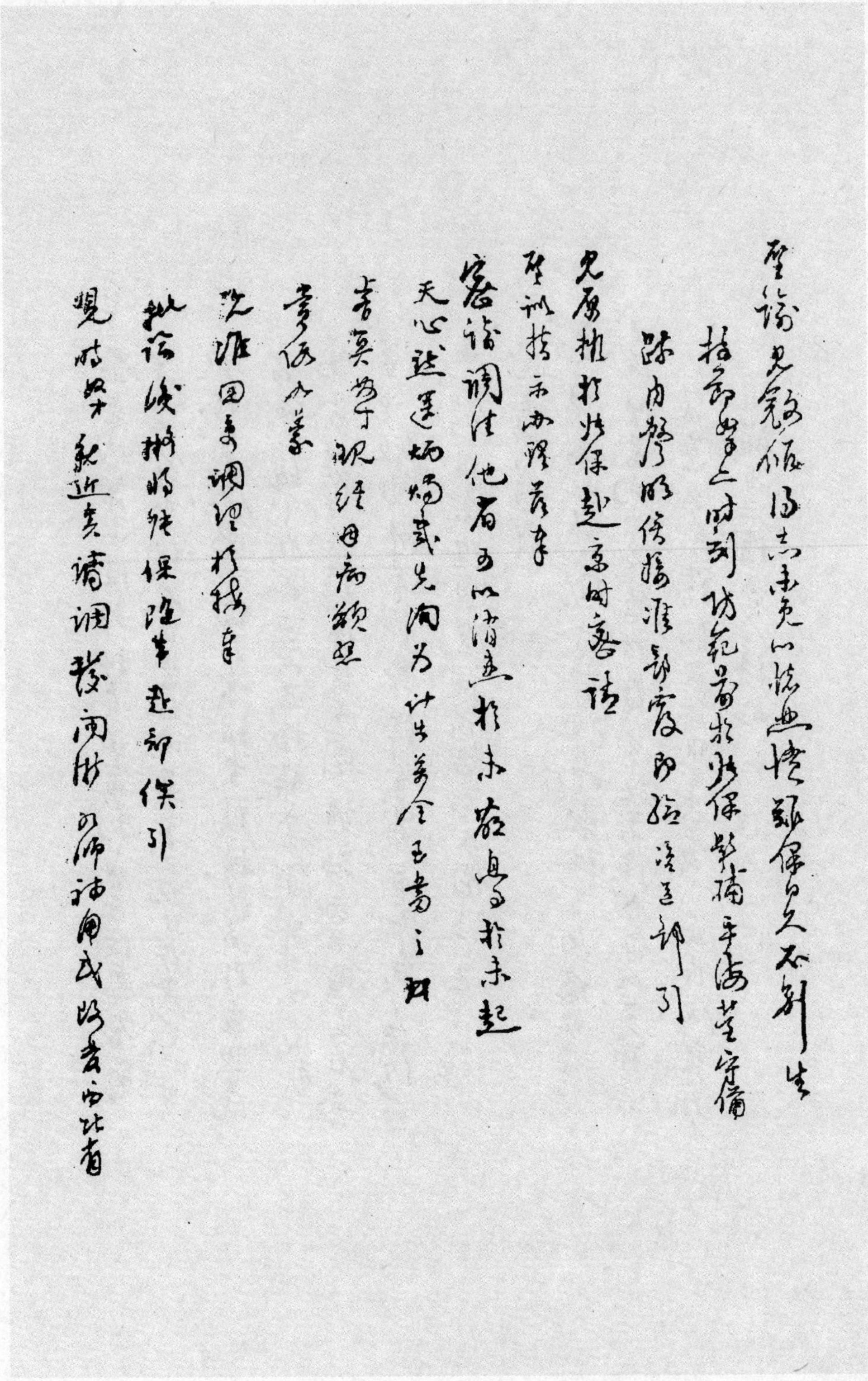

聖諭見飭備悉未免以[illegible]無據保自久不斜生

精節學上時刻防範留於將保緊備手法營守備

路內聲明係指派部署即陷淺近部司

見屢推於將保赴京時處請

聖訓指示辦理甚妥

密諭調往他省可以消遣於未萌懸[illegible]於未起

天心遠慮燭照先幾為計至為周全[illegible]書之[illegible]

責莫[illegible]職終日病[illegible][illegible]

[illegible]係[illegible]業

既准因病調理於據奏

批諭[illegible]將保赴部俟引

見時[illegible]敬近奏請調[illegible]開缺[illegible]補用或[illegible]者西北省

五六三　兩廣總督百齡奏折（嘉慶十六年正月二十三日）

英國撤換來粵大班緣由

分委極守省垣地保甲巡游速辦衆怨不後上進
臨時商
天恩之垂恤益覺
感奮于無形已於以把總郭學顯於委員內派其主勳
等雖以投誠立功擢用千總千居民狼藉雖有
朝以投誠後立功擢用其平時于居民多驕縱
伊等自通于洋保之弊近日六將亦已結黨是
何于相見并了之及插在店前民于投誠派洞之
一二日續上通條在內河村坪擦船者六七艘舊
復加倍懸治其從或本身捕追或免為船
手節探訪地方皆具報之譏也頃實不同
而諸了內當有援入營伍后及鄉令各鄉門拔

主雖從省業經
奏明辦理。奴才前于粵洋甫清後即籌議
奏定東中西三路舟師一百四十號，分配梭巡緝捕，
為聯絡聲威，即使有民等尚有竄海洋者，
船隻不能成幫，炮械不足濟用，料難竟逞猖獗，
似亦靜寧其向望洋患。奴才竊以為防海當防
于未萌之時，所謂一勞弭于甫興之候，如果兵不疎
防範必期嚴密，常存不可姑息不肯怠懈之心，自然
永清瀛壖，上紓
聖廑。自從前海寇充斥，不特內地奸匪乘機依附勾通，
粵兵民畏懼，即外番商船每當來往，見西洋夷亦
未嘗不起輕視放肆之心，如前年英吉利兵船

五六三　兩廣總督百齡奏折

英國撤換來粵大班緣由

（嘉慶十六年正月二十三日）

咖嚕哩帶兵入寨佔澳門其心叵測即其明驗今
年秋間噯咭唎國另遣大班夷官嗷啷來粵
因即將舊時大班夷官喇咈撤回探採外洋
行通事等稱嗷啷言該國王于此年夷船回帆之
時將之喇咈拏辦咖嚕哩帶兵到粵滋犯
天朝功令警懲
大皇帝寬恩未即斷其貿易已將咖嚕哩總
治其撤喇咈回國一係治其妄語察其所述雖未
盡深信但今年該國夷船到粵一定當據人
等實屬畏罪安靜從此海面而番舶從此往來
無阻乃為業深慶
天威遠播懾彼無遠兵進精誠事

批諭緣由恭摺附片密

奏並進

旨恭繳

硃筆 密諭一道伏祈

睿鑒 奴才力疾親具奏摺因手顫不能親書填

寫隨在署奴才之幕友陳若棟在衙密繕

謹傳寫合併陳明謹

奏

嘉慶十六年正月二十三日奉

硃批另有旨欽此

正月

日

五六四　粤海關監督常顯奏折

報告關税一年期滿經征數目

(嘉慶十六年三月二十日)

奴才常顯跪

奏為恭報經征關税一年期滿數目仰祈

聖鑒事竊照粤海關征收正雜銀兩向例一年期滿

先將總數

奏明俟查核支銷確數另行恭疏具

題並分款造册委員解部歷年遵照辦理又嘉慶

四年五月承准户部劄行奉

上諭向来各關征税於正額之外將盈餘一項比較

上三屆征收最多年分如有不敷即着經征之員

五六四　粵海關監督常顯奏折

報告關税一年期滿經征數目
（嘉慶十六年三月二十日）

賠補以致司榷各員藉端苛斂而賠繳之項仍未
能如數完交徒屬有名無寔因思各關情形不同
所有盈餘數目自應酌中定制以歸核寔而示體
恤已於户部所奏各關盈餘銀數清单内經朕查
照往年加多之數分别核减自此次定額之後倘
各關每年盈餘於新定之數再有短少即行着落
賠補如於定數或有多餘亦即儘收儘解其三年
比較之例着永行停止並奉
欽定粵海關盈餘銀八十五萬五千五百兩欽此欽

五六四　粤海關監督常顯奏折
報告關税一年期滿經征數目
（嘉慶十六年三月二十日）

遵各在案兹將經征壬申年分關税自嘉慶十
五年二月二十六日起至十六年二月二十五
日止一年期滿大關各口共征銀一百一十六
萬五千二百六十三兩一錢二分六厘核與
欽定盈餘銀數計溢收銀三十萬九千七百六十三
兩一錢二分六厘除將到關船隻及貨物粗細
分别造具清册送部核對外所有經征關税一
年期滿數目理合恭摺具
奏伏乞

五六四　粵海關監督常顯奏折

報告關稅一年期滿經征數目
(嘉慶十六年三月二十日)

皇上睿鑒謹

奏

户部知道

嘉慶十六年三月　廿　日

五六五　粤海關監督常顯奏折

税餉短數實因夷船阻風少到
（嘉慶十六年三月二十日）

奴才常顯跪

奏再粤海關税餉之短盈惟視夷船之多寡查壬
申年分一年期内通共征收餉銀一百一十六
萬五千二百餘兩雖核計銀數已在
欽定盈餘銀八十五萬五千五百兩之外多收三十
萬九千七百餘兩第較上届辛未年分尚少征
銀二十四萬三千三百餘兩緣上年正值督臣
百齡剿辦洋匪封閉各港之際並無出口商船
外口税餉不無短減而外夷貨船較上届辛未

五六五　粵海關監督常顯奏折
税餉短數實因夷船阻風少到
（嘉慶十六年三月二十日）

年分又少到二十七隻奴才每于丈量夷船之便
備加訪詢僉稱因秋間洋面屢發颶風間有随
風漂散他處之船一時猝難收入粵東港口是
以現在所到船數比上年較為短少等語奴才復
查二月二十五日滿關以後續到夷船數隻據
稱實因風阻未能如期進口核之上年督撫臣
具
奏暹邏琉球等國
貢船遭風各案為時亦相符合理合將税餉短數

五六五 粵海關監督常顯奏折 税餉短數實因夷船阻風少到（嘉慶十六年三月二十日）

實因夷船阻風少到緣由附片奏
聞伏乞
皇上睿鑒謹
奏
覽

五六六　粵海關監督德慶奏折

報告接收關庫錢糧(嘉慶十六年四月二十四日)

奴才德慶跪

奏為接收交代庫貯錢糧數目緣由恭摺奏

聞仰祈

聖鑒事竊准前監督常顯移交稅課款項並庫貯銀兩奴才按册逐款查核壬申年分關稅自嘉慶十五年二月二十六日起至十六年二月二十五日止一年期内大關各口共征銀一百一十六萬五千二百六十三兩零内除支銷通關經費等銀二萬五千七百七十九兩零各口已征未

解銀五萬八千二百四十五兩零又洋商未完
進口夷税銀七十六萬三百三十九兩零實存
庫銀三十二萬八百九十八兩零另存平餘罰
料銀一千二十二兩零又癸酉年分關税自嘉
慶十六年二月二十六日起連閏至四月十二
日止計兩個月零十七日大關各口共征銀二
萬八千二十兩零内除支銷通關經費等銀二
千四百五十一兩零各口已征未解銀二百五
兩零又洋商未完進口夷税銀一萬二千二百

五六六　粤海關監督德慶奏折

報告接收關庫錢糧（嘉慶十六年四月二十四日）

五十六兩零實存庫銀一萬三千一百七兩零
另存平餘銀四十四兩零又新舊洋商捐輸南
河工用俟撥未觧銀四十五萬兩一項前因會
隆達成二行積欠辛未年分餉銀亟需彙解經
前監督常顯
奏明請將此項庫貯銀内借支銀一十七萬七千
餘兩暫撥彙入關餉數内起解嗣據洋商完過
銀五萬六千六百餘兩尚欠銀十二萬兩零前
監督常顯

奏請寬限至本年冬季完繳在案現在實存銀三十二萬九千餘兩又存洋商現繳還捕盜公費第二限銀五千四百一十七兩零以上稅課款項並存庫銀兩數目均屬相符内洋商未完壬申年分夷稅例應滿關後六個月征齊起解等仍遵舊定章程按限督催完納其各口已征未經解到銀兩現在赶緊催解以期迅速清款不敢稍滋貽悮除循例恭疏

題報外所有等接收關庫錢糧緣由理合恭摺具

五六六　粤海關監督德慶奏折　報告接收關庫錢糧（嘉慶十六年四月二十四日）

奏伏乞

皇上睿鑒謹

奏

户部知道

嘉慶十六年四月　二十四　日

五六七　粤海關監督德慶奏折

報解關税盈餘銀兩數目
(嘉慶十六年八月初十日)

奴才德慶跪

奏爲恭報起解關税盈餘銀兩數目仰祈
聖鑒事。竊照粤海關每年起解正雜銀兩，例應分款
具摺
奏報。兹查壬申年分關税，前監督常顯管理任内，
自嘉慶十五年二月二十六日起至十六年二
月二十五日止一年期内，大關各口共徵銀一
百一十六萬五千二百六十三兩一錢二分六
釐，業經前監督常顯專摺

五六七 粵海關監督德慶奏折

報解關稅盈餘銀兩數目

(嘉慶十六年八月初十日)

奏明在案兹當委員起解應將收支實數分晰造
報查壬申年分共徵銀一百一十六萬五千二
百六十三兩一錢二分六釐内正項盈餘銀七
十三萬二千八百二十五兩五錢八釐除循例
支出銀四萬兩銅斤水脚銀三千五百六十四
兩移交藩庫取有庫收送部查核外又十四年
分督臣百齡等
奏請捐辦捕盜經費案内欽奉
上諭著於粵海關稅銀項下賞給銀二十五萬兩每

五六七　粤海關監督德慶奏折　報解關税盈餘銀兩數目（嘉慶十六年八月初十日）

年撥給五萬分作五年撥竣欽此欽遵在案今壬
中年分又撥銀五萬兩尚存正羨盈餘銀六十
三萬九千二百六十一兩五錢八釐又雜羨盈
餘銀四十三萬二千四百三十七兩六錢一分
八釐除支出通關經費養廉工食及鎔銷折耗
等銀四萬一百三十二兩五錢三分八釐又支
出解交造辦處裁存備貢銀五萬五千兩又支
出動支報解水脚銀三萬六千六兩二錢四分
八釐部飯食銀二萬八千一百二十六兩四錢

五六七　粵海關監督德慶奏折

報解關稅盈餘銀兩數目
（嘉慶十六年八月初十日）

三分一釐尚存雜羨銀二十七萬三千一百七
十二兩四錢一釐共存解部正雜盈餘銀九十
一萬二千四百三十三兩九錢九釐動支報解
水脚銀三萬六千六兩二錢四分八釐部飯食
銀二萬八千一百二十六兩四錢三分一釐又
另案洋商前在戊辰年分關稅借捐捕盜公費
案內繳還第二限銀三萬兩又應解造辦處裁
存備貢銀五萬五千兩又另款洋商備繳辦貢
銀五萬五千兩另解平餘罰料截曠等銀七千

五六七　粵海關監督德慶奏折

報解關税盈餘銀兩數目

（嘉慶十六年八月初十日）

四百四十三兩三分八釐查此項平餘等銀係

遵照户部

奏准於奏銷盈餘摺内按數剔除入於本案報銷

不歸併盈餘項下再查粵海關解部税銀每千

兩尚有加平銀十五兩添入鞘内今壬申年分

撥解本省捕盗經費銀五萬兩所有加平銀兩

毋庸添入計溢出添平銀七百五十兩一并另

款解赴户部以清年款合併聲明除循例恭疏

題報並按款備具文批於嘉慶十六年八月十三

五六七　粵海關監督德慶奏折

報解關稅盈餘銀兩數目
（嘉慶十六年八月初十日）

等日委員分批按期起解赴户部造辦處分别
交納外謹將壬申年分關稅收支存解各數目
繕摺具
奏伏乞
皇上睿鑒謹
奏

知道了

嘉慶十六年八月　　初十　　日

五六八　粵海關監督德慶奏折

報告經征關稅一年期滿稅銀數目

（嘉慶十七年二月二十二日）

奴才德慶跪

奏為恭報經征關稅一年期滿數目仰祈

聖鑒事竊照粵海關征收正雜銀兩向例一年期滿

先將總數

奏明俟查核支銷確數另行恭疏具

題並分款造冊委員解部歷年遵照辦理又嘉慶

四年五月承准戶部劄行奉

上諭向來各關征稅於正額之外將盈餘一項比較

上三屆征收最多年分如有不敷即着經征之員

五六八 粤海關監督德慶奏折

報告經征關税一年期滿税銀數目
(嘉慶十七年二月二十二日)

賠補以致司榷各員藉端苛斂而賠繳之項仍未
能如數完交徒屬有名無寔因思各關情形不同
所有盈餘數目自應酌中定制以歸核寔而示體
恤已于户部所奏各關盈餘銀數清单内經朕查
照往年加多之數分別核減自此次定額之後倘
各關每年盈餘于新定之數再有短少即行着落
賠補如于定數或有多餘亦即儘收儘解其三年
比較之例着永行停止並奉
欽定粤海關盈餘銀八十五萬五千五百兩欽此欽

遵各在案兹查癸酉年分關税前監督常顯管
理任内自嘉慶十六年二月二十六日起連閏
至四月十二日止計兩個月零十七日大關各
口共征銀四萬三百七十七兩八錢三釐奴才接
管任内自四月十三日起至十七年正月二十
五日止計九個月零十三日大關各口共征銀
一百三十萬七千五百五十九兩八分八釐統
計一年期内共征銀一百三十四萬七千九百
三十六兩八錢九分一釐核與

五六八　粤海關監督德慶奏折

報告經征關税一年期滿税銀數目
（嘉慶十七年二月二十二日）

欽定盈餘銀數計溢收銀四十九萬二千四百三十
六兩零除將到關船隻及貨物粗細分别造具
清册送部核對外所有經征關税一年期滿數
目理合恭摺具
奏伏乞
皇上睿鑒謹
奏

户部知道

嘉慶十七年二月　二十二　日

五六九　粵海關監督德慶奏折

報解關稅盈餘銀兩數目

（嘉慶十七年八月十九日）

奴才德慶跪

奏爲恭報起解關稅盈餘銀兩數目仰祈

聖鑒事竊照粵海關每年起解正雜銀兩例應分款

具摺

奏報兹查癸酉年分關稅前監督常顯管理任内

自嘉慶十六年二月二十六日起連閏至四月

十二日止計兩個月零十七日征銀四萬三百

七十七兩八錢三釐奴才自四月十三日接管起

至十七年正月二十五日止計九個月零十三

五六九　粤海關監督德慶奏折

報解關税盈餘銀兩數目
(嘉慶十七年八月十九日)

日征銀一百三十萬七千五百五十九兩八分八釐統計一年期内共征銀一百三十四萬七千九百三十六兩八錢九分一釐業經恭摺奏明在案兹當委員起解應將收支實數分晰造報查癸酉年分共征銀一百三十四萬七千九百三十六兩八錢九分一釐内正項盈餘銀八十四萬三千四百八十四兩九錢四分二釐除循例支出銀四萬兩銅斤水脚銀三千五百六十四兩移交藩庫取有庫收送部查核外又十

四年分督臣百齡等
奏請捐辦捕盜經費案內欽奉
上諭著於粵海關税銀項下賞給銀二十五萬兩每
年撥給五萬分作五年撥竣欽此欽遵在案今癸
酉年分又撥銀五萬兩尚存正羡銀七十四萬
九千九百二十兩九錢四分二釐又雜羡盈餘
銀五十萬四千四百五十一兩九錢四分九釐
除支出通關經費養廉工食及鎔銷折耗等銀
四萬二千二百二十一兩二錢五分八釐又支

五六九　粵海關監督德慶奏折

報解關税盈餘銀兩數目

(嘉慶十七年八月十九日)

出解交造辦處裁存備貢銀五萬五千兩又支出動支報解水脚銀四萬二千一百六十七兩七錢四分九釐部飯食銀三萬三千五十三兩八錢二釐尚存雜羨銀三十三萬二千九兩一錢四分共存解部正雜盈餘銀一百八萬一千九百三十兩八分二釐動支報解水脚銀四萬二千一百六十七兩七錢四分九釐部飯食銀三萬三千五十三兩八錢二釐又另案洋商前在戊辰年分關税借捐捕盗公費案内繳還第

五六九 粤海關監督德慶奏折

報解關税盈餘銀兩數目

(嘉慶十七年八月十九日)

三限銀三萬兩又應解造辦處裁存備貢銀五萬五千兩又另款洋商備繳辦貢銀五萬五千兩另解平餘罰料截曠等銀七千八百五十六兩二錢六釐查此項平餘等銀係遵照户部奏准於奏銷盈餘摺内按數剔除入於本案報銷不歸併盈餘項下再查粤海關解部税銀每千兩向有加平銀十五兩添入鞘内今癸酉年分撥解本省捕盜經費銀五萬兩所有加平銀兩毋庸添入計溢出添平銀七百五十兩一併另

五六九　粵海關監督德慶奏折

報解關税盈餘銀兩數目
（嘉慶十七年八月十九日）

款解赴户部以清年款合併聲明除循例恭疏
題報並按款備具文批於嘉慶十七年八月二十
三等日委員分批按期起解赴户部造辦處分
别交納外謹將癸酉年分關税收支存解各數
目繕摺具
奏伏乞
皇上睿鑒謹
奏
户部知道
嘉慶十七年八月　十九　日

五七〇　粵海關監督德慶奏折

洋貨滯銷洋行商人設法減價銷貨完繳税餉（嘉慶十七年八月十九日）

奴才德慶跪

奏再查粵海關税餉定例於滿關後六個月内徵齊起解本年徵收錢糧於七月二十五日六個月限滿查各商名下尚有欠繳尾零未清銀兩據該商盧觀恒等禀稱本年實因洋貨滯銷成本積壓以致限内未能全完現在赶緊設法情願減價銷貨找完税餉不致悮解等語並具結前來奴才伏查上年夷船進口貨物棉花過多一時銷售不及委屬實在情形尚非有意遲延現

五七〇　粵海關監督德慶奏折　洋貨滯銷洋行商人設法減價銷貨完繳稅餉(嘉慶十七年八月十九日)

於八月二十三日起解頭批按三日一批分十
八批解完拏一面將前批銀兩起解一面嚴行
催追按期接解倘稍有遲悞即行照例懲辦外
合將辦理實在情形附片陳明謹
奏
覽

五七一　粤海關監督德慶奏折

報告經征關税一年期滿税銀數目
（嘉慶十八年二月二十一日）

奴才德慶跪

奏爲恭報經徵關税一年期滿數目仰祈

聖鑒事竊照粤海關徵收正雜銀兩向例一年期滿

先將總數

奏明俟查核支銷確數另行恭疏具

題並分款造册委員觧部歷年遵照辦理又嘉慶

四年五月承准户部劄行奉

上諭向來各關徵税於正額之外將盈餘一項比較

上三屆徵收最多年分如有不敷即著經徵之員

賠補以致司榷各員藉端苛斂而賠繳之項仍未

能如數完交徒屬有名無實因思各關情形不同
所有盈餘數目自應酌中定制以歸核實而示體
恤已於户部所奏各關盈餘銀數清單内經朕查
照往年加多之數分别核減自此次定額之後倘
各關每年盈餘於新定之數再有短少即行著落
賠補如於定數或有多餘亦即儘收儘解其三年
比較之例著永行停止並奉
欽定粤海關盈餘銀八十五萬五千五百兩欽此欽
遵各在案兹奴才經徵甲戌年分關稅自嘉慶十
七年正月二十六日起至十八年正月二十五

五七一　粵海關監督德慶奏折

報告經征關税一年期滿税銀數目

（嘉慶十八年二月二十一日）

日止一年期滿大關各口共徵銀一百二十四

萬六千七百八兩一錢六分核與

欽定盈餘銀數計溢收銀三十九萬一千二百八兩

一錢六分除將到關船隻及貨物粗細分別造

具清册送部核對外所有經徵關税一年期滿

數目理合恭摺具

奏伏乞

皇上睿鑒謹

奏

戶部知道

嘉慶十八年二月　二十一　日

五七二　粵海關監督德慶奏折

查辦商情設立總商於行商中擇殷實公正者總理洋行事務（嘉慶十八年二月二十一日）

奴才德慶跪

奏為查辦關務情形恭摺奏

聞仰祈

聖鑒事竊照外洋夷商重譯梯航來廣貿易全賴洋行商人妥為經理俾知樂利嚮風以昭

天朝綏懷遠夷至意奴才蒙

恩簡任以來一切俱有舊章可循尚無應須查辦之事惟查舊卷見從前辦理洋商欠餉之案俱移會督撫將乏商家產查封變抵其不敷銀兩著落接辦行業之新商代為補足如行閉無人接

開衆商攤賠完結倘再有虧欠夷人銀兩即會
同督撫專摺
奏明從重治罪歷來辦理無異即如嘉慶十五年
間有福隆行洋商鄧兆祥虧餉潛逃經前監督
常顯移會前督臣百齡檄飭地方官一面嚴緝
一面將該逃商家產查封備抵税餉其行業查
有職員關祥向在該行司事其子關成發亦隨
父帮辦有年經洋商黎顏裕結保關成發接辦
福隆行務即責令先行墊完鄧兆祥所欠税餉
俟查明鄧兆祥遺產給領變抵雖經辦結在案

五七二　粤海關監督德慶奏折

查辦商情設立總商於行商中擇殷實公正者總理洋行事務（嘉慶十八年二月二十一日）

而鄧兆祥尚未弋獲未得即加創懲現在飭行

地方官上緊嚴緝務獲究辦奴才伏思洋商承攬

夷貨動輒數十萬兩承保稅餉自數萬兩至十

餘萬兩不等責任綦重非實在殷實誠信之人

不克勝任向來開設洋行僅憑一二商保舉即

准充商並不專案報部本非慎重之道遇有一

商虧餉每致貽累通行而不肖疲商於夷船進

口時每有自向夷人私議貨價情願貴買賤賣

只圖目前多攬夷貨不顧日後虧折迨至開徵

即形支絀揆厥所由祇因向無總商辦理未能

五七二　粤海關監督德慶奏折

查辦商情設立總商於行商中擇殷實公正者總理洋行事務(嘉慶十八年二月二十一日)

畫一衆商爭先私攬相率效尤遂成積習奴才到
任後訪悉前情當即嚴行飭禁並督同一二誠
實殷商隨時稽查極力整頓兩年以來各商辦
理尚無貽悞惟商力急切未能全臻充裕催徵
税課仍有竭蹶情形如將稍乏之商概行革退
另招新商則一時難得其人且生手不諳夷情
更恐辦理不善奴才與督臣蔣攸銛再四講求與
其紛更而無當不若因時以制宜商人之弊巧
雖多同行之耳目難掩祇以向無董率之責殷
商避怨而隱容乏商效尤而競利遂致積習難

五七二　粵海關監督德慶奏折

查辦商情設立總商於行商中擇殷實公正者總理洋行事務(嘉慶十八年二月二十一日)

返關務日疲今欲整關務須察商情欲除弊端
須專責任惟有於各行商中擇其身家殷實居
心公正者一二人飭令總理洋行事務率領衆
商與夷人交易貨物務照時價一律公平辦理
不得任意高下私向爭攬倘有陽奉陰違總商
據實稟究奴才仍不時勉諭各商崇儉黜華各顧
大體以期積弊盡除商力漸裕並嗣後如遇選
充新商責令通關總散各商公同慎選殷實公
正之人聯名結保專案咨部備查倘所舉不實
或有虧欠餉項情事著落原保商賠繳其因事

五七二　粵海關監督德慶奏折
查辦商情設立總商於行商中擇殷實公正者總理洋行事務(嘉慶十八年二月二十一日)

革退者亦隨時咨部註銷每年滿關後仍將商
名造冊隨同各冊檔送部查考以昭慎重如此
立定章程庶現在各商可望日有起色將來亦
不致濫用非人貽累關務奴才愚昧之見是否有
當謹將辦理緣由恭摺具
奏伏乞
皇上睿鑒訓示謹
奏
另有旨
嘉慶十八年二月　二十一　日

五七三　粤海關監督祥紹奏折

報告接收交代庫貯錢糧數目
(嘉慶十八年八月二十五日)

奴才祥紹跪

奏為接收交代庫貯錢糧數目緣由恭摺奏

聞仰祈

聖鑒事竊准前監督德慶移交稅課款項並庫貯銀兩奴才按册逐款查核甲戌年分關稅自嘉慶十七年正月二十六日起至十八年正月二十五日止一年期内大關各口共徵銀一百二十四萬六千七百八兩零内除支銷通關經費等銀三萬五千三百三十九兩零又撥解藩庫本

省捕盜經費銀五萬兩各口已徵未解銀三萬
二千一百二十八兩零又洋商未完進口夷稅
銀五十五萬七千八百二兩零實存庫銀五十
七萬一千四百三十七兩零另存平餘截曠銀
二千七十四兩零又乙亥年分關稅自嘉慶十
八年正月二十六日起至七月二十三日止計
五個月零二十八日大關各口共徵銀八萬六
千二百一十兩零内除支銷通關經費等銀九
千六十四兩零各口已徵未解銀四千五十七

五七三　粤海關監督祥紹奏折

報告接收交代庫貯錢糧數目
（嘉慶十八年八月二十五日）

兩零又洋商未完進口夷稅銀四萬八千一百八十六兩零實存庫銀二萬四千九百二兩零另存平餘罰料銀一百七十六兩零又另存解繳造辦處銀三萬兩洋商借捐捕費案内留存小封銀四百五十兩又存洋商繳還藩庫前山寨本息銀四百二十九兩零洋商繳還藩庫川陝賞賫等銀二千二百二十九兩零以上稅課款項並存庫銀兩數目均屬相符内洋商未完甲戌年分夷稅照例滿關後六個月徵齊起解

五七三　粵海關監督祥紹奏折

報告接收交代庫貯錢糧數目

（嘉慶十八年八月二十五日）

截至七月二十五日限期已滿奴才到任後實力嚴催現據各商完繳又各口已徵未解甲戌年分稅銀亦係應行起解之項奴才當嚴催徵齊以符起解除將接收關庫錢糧緣由循例具

題外理合恭摺具

奏伏乞

皇上睿鑒謹

奏

知道了

嘉慶十八年八月　二十五　日

五七四　粵海關監督祥紹奏折

報解關稅盈餘銀兩數目

(嘉慶十八年八月二十五日)

奴才祥紹跪

奏爲恭報起解關稅盈餘銀兩數目仰祈

聖鑒事竊照粵海關每年起解正雜銀兩例應分款

具摺

奏報茲查甲戌年分關稅前監督德慶管理任内

自嘉慶十七年正月二十六日起至十八年正

月二十五日止一年期内大關各口共徵銀一

百二十四萬六千七百八兩一錢六分業經前

監督德慶恭摺

五七四 粵海關監督祥紹奏折

報解關税盈餘銀兩數目

(嘉慶十八年八月二十五日)

奏明在案茲當委員起解應將收支實數分晰造
報查甲戌年分共徵銀一百二十四萬六千七
百八兩一錢六分内正項盈餘銀七十七萬二
千五百四十兩三錢七釐除循例支出銀四萬
兩銅觔水脚銀三千五百六十四兩移交藩庫
取有庫收送部查核外又十四年分督臣百齡
等會摺
奏請捐辦捕盜經費案内欽奉
上諭著於粵海關税銀項下賞給銀二十五萬兩每

五七四　粵海關監督祥紹奏折

報解關稅盈餘銀兩數目
（嘉慶十八年八月二十五日）

年撥給五萬分作五年撥竣欽此欽遵在案今甲
戌年分撥第五次銀五萬兩尚存正羨銀六十
七萬八千九百七十六兩三錢七釐又雜羨盈
餘銀四十七萬四千一百六十七兩八錢五分
三釐除支出通關經費養廉工食及鎔銷折耗
等銀四萬一千五百七十三兩七分八釐又支
出解交造辦處裁存備貢銀五萬五千兩又支
出動支報解水脚銀三萬八千七百四十五兩
九分二釐部飯食銀三萬三百一十六兩一錢

四分二釐尚存雜羡銀三十萬八千五百三十
三兩五錢四分一釐共存解部正雜盈餘銀九
十八萬七千五百九兩八錢四分八釐動支報
解水脚銀三萬八千七百四十五兩九分二釐
部飯食銀三萬三百一十六兩一錢四分二釐
又另案洋商前在戊辰年分關税借捐捕盗公
費案内繳還末限銀三萬兩又應解造辦處裁
存備貢銀五萬五千兩又另款洋商備繳辦貢
銀五萬五千兩另解平餘截曠等銀七千八百

七十四兩三錢四分五釐查此項平餘等銀係
遵照戶部
奏准於奏銷盈餘摺内按數剔除入於本案報銷
不歸併盈餘項下再查粵海關解部稅銀每千
兩向有加平銀十五兩添入鞘内今甲戌年分
撥解本省捕盜經費銀五萬兩所有加平銀兩
毋庸添入計溢出添平銀七百五十兩一併另
款解赴戶部以清年款合併聲明除循例恭疏
題報並按款備具文批於嘉慶十八年八月二十

五七四　粤海關監督祥紹奏折

報解關税盈餘銀兩數目

（嘉慶十八年八月二十五日）

六等日委員分批按期起解赴户部造辦處分

别交納外謹將甲戌年分關税收支存解各數

目繕摺具

奏伏乞

皇上睿鑒謹

奏

户部知道

嘉慶十八年八月　二十五　日

五七五　粵海關監督祥紹奏折

嚴催洋行商人交納海關税銀

(嘉慶十八年八月二十五日)

再查洋商未完甲戌年分進口餉銀五十五萬七千八百餘兩向例於滿關後六個月徵齊起解截至本年七月二十五日已屆限滿緣新舊交替之際該商等意存觀望延宕不交奴才於七月二十四日到任查明各商欠餉數目勒限一月不拘卯期嚴催交納該商等因勒追嚴緊已於一月之内陸續全數交齊奴才體察情形是該商等前此拖欠其爲有心觀望挨延顯然可見似此商情疲玩不可不釐定章程以期依

限交納容俟奴才與督臣蔣攸銛詳細會商酌

擬章程請

旨辦理合先附片奏

聞

覽

五七六　兩廣總督蔣攸銛奏折

廣東洋鹽衆商呈請捐輸銀兩
(嘉慶十八年十二月十二日)

兩廣總督兼署廣東巡撫臣蔣攸銛
粵海關監督臣祥紹 跪

奏為粵東洋鹽衆商懇請捐輸賞需銀兩恭摺奏

懇

天恩俯准賞收事竊據洋商伍敦元盧棣榮等鹽商
李念德許秀峰等呈稱商等現聞河南滑縣匪
徒滋事大軍業已雲集指日即可蕩平此後撫
賞賑恤及睢州河工需費浩繁雖
國帑豐盈無須微末惟商等海隅服賈涯被
皇仁感奮下情不能自已今洋商情愿捐輸銀二十
四萬兩鹽商情愿捐輸銀十六萬兩懇照向辦

章程先於藩運庫内借支撥解商等自嘉慶十
九年為始分限八年解繳全完等情由藩運兩
司具詳前來臣等察看衆商情詞懇切出於至
誠合無仰懇
皇上天恩俯准賞收並先於藩運庫内借撥分限八
年由該商等解完歸款以遂其急公報効之忱
恭候奉到
諭旨後臣等即委員分批起解謹合詞恭摺具
奏伏乞
皇上睿鑒訓示謹

五七六　兩廣總督蔣攸銛奏折

廣東洋鹽衆商呈請捐輸銀兩
（嘉慶十八年十二月十二日）

奏

另有旨

嘉慶十八年十二月　十二　日

五七七　内閣奉上諭

著加恩賞收粤東洋鹽各商所捐銀兩仍交部議叙事(嘉慶十九年正月二十一日)

嘉慶十九年正月二十一日内閣奉
上諭蔣攸銛等奏粤東洋鹽各商懇請捐輸賞需銀
兩一摺該商等因軍需工賞支用較多懇請捐輸
洵爲急公所有洋商公捐銀二十四萬兩鹽商公
捐銀十六萬兩俱著加恩賞收仍交部照例議叙
所捐銀兩准其於藩庫内先行借支解交部庫自
嘉慶十九年爲始分限八年完繳歸款該部知道
欽此

五七八 兩廣總督蔣攸銛奉上諭著妥議章程嚴禁海洋私運（嘉慶十九年正月二十五日）

軍機大臣 字寄

兩廣總督蔣 傳諭粵海關監督祥紹 嘉慶十

九年正月二十五日奉

上諭據蘇楞額奏嚴禁海洋私運一摺據稱近年以

來夷商賄連洋行商人藉護回夷兵盤費為名每

年將內地銀兩偷運出洋至百數十萬之多該夷

商已將內地足色銀兩私運出洋復將低潮洋錢

運進任意欺矇商賈以致內地銀兩漸形短絀請

旨飭禁等語夷商交易原令彼此以貨物相準俾

五七八　兩廣總督蔣攸銛奉上諭著妥議章程嚴禁海洋私運（嘉慶十九年正月二十五日）

中外通易有無以便民用若將內地銀兩每年偷
運出洋百數十萬歲積月累於國計民生均有關
繫著蔣攸銛祥紹查明每歲夷商等偷運出之銀
兩出洋實有若干應如何酌定章程嚴密禁止督
同妥議具奏蘇楞額原摺著抄寄閱看將此諭令
蔣攸銛並傳諭祥紹知之欽此遵
旨寄信前來

五七九　粤海關監督祥紹奏折

報告經征關稅一年期滿稅收數目
（嘉慶十九年二月十七日）

奴才祥紹跪

奏爲恭報經徵關稅一年期滿數目仰祈
聖鑒事竊照粤海關徵收正雜銀兩向例一年期滿
先將總數
奏明俟查核支銷確數另行恭疏具
題並分款造册委員解部歷年遵照辦理又嘉慶
四年五月承准户部劄行奉
上諭向來各關徵税於正額之外將盈餘一項比較
上三届徵收最多年分如有不敷即着經徵之員

賠補以致司榷各員藉端苛斂而賠繳之項仍未
能如數完交徒屬有名無實因思各關情形不同
所有盈餘數目自應酌中定制以歸核實而示體
恤已於戶部所奏各關盈餘銀數清单內經朕查
照往年加多之數分別核減自此次定額之後倘
各關每年盈餘於新定之數再有短少即行着落
賠補如於定數或有多餘亦即儘收儘解其三年
比較之例着永行停止並奉
欽定粵海關盈餘銀八十五萬五千五百兩欽此欽

五七九　粤海關監督祥紹奏折

報告經征關税一年期滿税收數目
(嘉慶十九年二月十七日)

遵各在案茲查乙亥年分關税前監督德慶管理任内自嘉慶十八年正月二十六日起至七月二十三日止計五個月零二十八日大關各口共徵銀一十萬四千五百九兩三錢九分二釐;弩接管任内自七月二十四日起至十九年正月二十五日止計六個月零二日大關各口共徵銀一百一十三萬七百四十八兩三錢六釐統計兩任合徵一年期内共徵銀一百二十三萬五千二百五十七兩六錢九分八釐核與

五七九　粵海關監督祥紹奏折

報告經征關稅一年期滿稅收數目
(嘉慶十九年二月十七日)

欽定盈餘銀數計溢收銀三十七萬九千七百五十
七兩零除將到關船隻及貨物粗細分别造具
清冊送部核對外所有經徵關稅一年期滿數
目理合恭摺具
奏伏乞
皇上睿鑒謹
奏
户部知道
嘉慶十九年二月　　十七　　日

五八〇 兩廣總督蔣攸銛奏折

密陳夷商貿易情形酌籌整飭洋行事宜（嘉慶十九年十月十九日）

蔣攸銛等密陳夷商貿易情形

摺由

奏片一 ○

十二月初一日

兩廣總督臣蔣攸銛、臣董教增、粵海關監督臣祥紹跪

奏為密陳夷商貿易情形及酌籌整飭洋行事

宜恭摺奏請

聖訓事。竊照粵東地居瀕海，夷船雲集，各國夷商

藉資貿易以裕生計者，所以仰沐

五八〇　兩廣總督蔣攸銛奏折

密陳夷商貿易情形酌籌整飭洋行事宜（嘉慶十九年十月十九日）

皇仁出於優渥。該夷商自遠涉重洋，每貨船十數
隻，有兵船一二隻護送來粵，收泊外洋，由該國
通事鄭明澳門見知。緣各國地極遠，沙線民人情
貨船引帶由虎門海口駛入黃埔內港灣泊，納稅
售貨。其兵船仍泊外洋，俟貿易事竣，貨船出口，該
兵船仍護送回國。其於稽察之中，仍多防閑之
處。至該處向無來潮之貿易各國，有佛蘭西、荷
蘭、呂宋、咪唎堅、暎咭唎、嘩啵啦、瑞國、嗹國等處
貨船每年多寡不齊。自嘉慶七年以後，各國船
隻稀少，惟暎咭唎國私家船、港腳船、咪唎堅

五八〇　兩廣總督蔣攸銛奏折

密陳夷商貿易情形酌籌整飭洋行事宜(嘉慶十九年十月十九日)

國船為多此外諸各國間有船二隻來粵通商
嘆咭唎與咪唎堅彼此爭搶釁端附於海劫擄時貨
時係洋商傳聞之詞且事屬外洋不值過問本
年春間有咪唎堅國貨船一隻進口隨有嘆咭唎
國巡盧兵船隨帶小快船即尾隨追往
守口貨船聞知將該船逐出外洋經臣等嚴飭洋
商通事嚴諭嘆咭唎大班遞咪唎堅因何不行約
束令其切實稟覆旋據嘆咭唎國及咪唎
堅時有貨船駛至而嘆咭唎亦設兵船雖
不敢駛入內洋時在虎門外海口往來游奕

五八〇　兩廣總督蔣攸銛奏折　密陳夷商貿易情形酌籌整飭洋行事宜(嘉慶十九年十月十九日)

往駛近縱容往來情形該酋必須示之以威臣等
當即飭令調齊水師巡洋舟師排列虎門海口嚴
令提標中軍參將吳紹麟等督率兵弁申明號
令整齊隊伍遙擺操演鎗礮以壯聲威一面撤
委小呂以辦之佛國同知福蔭長偕同香山
縣知縣馬溶從親赴澳門飭傳該大班噶喇
面加詰責據通事譯據該大班禀稱實因咪
唎㗎曾在外洋搶過該國貨船積有仇隙希圖
乘間報復等語 臣等復飭該委員等諭以該二
國在海外本屬貿易一面之詞不足深究惟既駛到

五八〇　兩廣總督蔣攸銛奏折

密陳夷商貿易情形酌籌整飭洋行事宜（嘉慶十九年十月十九日）

内北洋商及唐洋邑

天朝禁令何得寛宥請後應速飭令該國夷船來泊

外洋等候貨船該道西國人前來還不但將讓

夷船至尉嘉况穹嘉賓盼

大皇帝寛恤該國貿易夷情聞喂國夷船前遣

功令嚴禁弊端

天朝大皇帝並不稍存偏向亦不能稍為姑容等

諭該大班呢吃及遮厘謝咧里剳噫吹夷船

挂已揚帆回國留下雖是貨物貨船一只仍在外

洋該年營伯地方現在並未有商過從貿易安帖

五八〇 兩廣總督蔣攸銛奏折

密陳夷商貿易情形酌籌整飭洋行事宜（嘉慶十九年十月十九日）

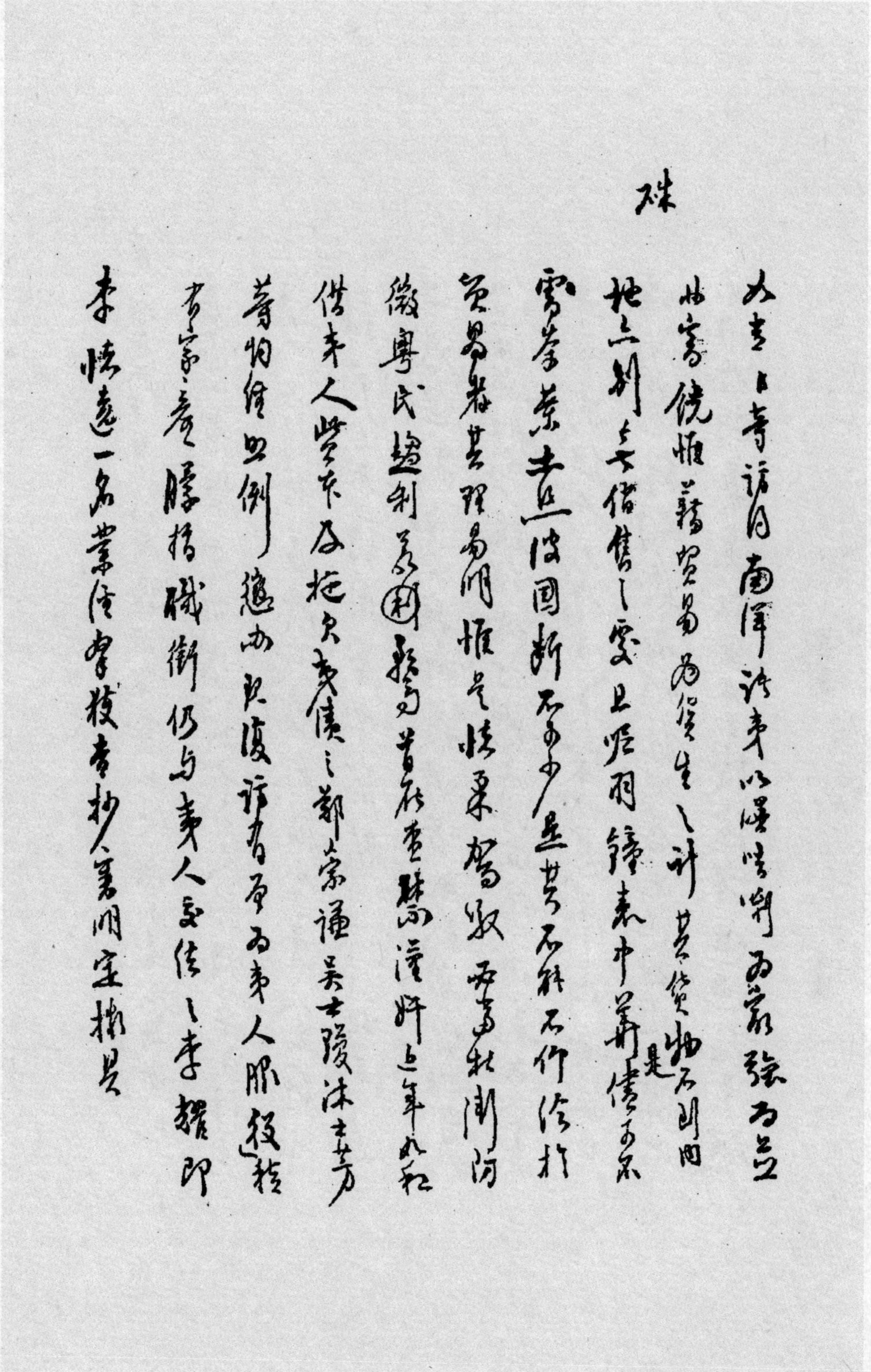

五八〇　兩廣總督蔣攸銛奏折

密陳夷商貿易情形酌籌整飭洋行事宜（嘉慶十九年十月十九日）

硃

夷務要〇〃等似應飭地方官嚴加保護如有何民者均　甚是

店通一夷繼並不准民人私為夷人服役責成洋商

夷人不得擅蓋夷式房即售賣夷人店房一

舖戶人等不得用夷字店號以杜勾通

而應區別向來兵船護送貨船到粵貨船自行

進口兵船即駛往伶仃澳子洋面停泊嘉慶十四

年原奏但稱不許進十字門及虎門各海口

語涉籠統嗣後應仍循其舊不得駛近內洋亦

不准於所護貨船出口之後復有逗遛致干驅

五八〇　兩廣總督蔣攸銛奏折

密陳夷商貿易情形酌籌整飭洋行事宜(嘉慶十九年十月十九日)

通事設立洋商令其互相貿易即藉以稽察夷
情必需身家殷實辦事明妥之人交易始能公平
不致夷人輕侮庶不至為夷人所輕視近來充
當洋商者共有十人實在豐財善賈者不過三四
家其餘雖皆有同商互保承充而本非殷實
不過圖沾行規承充後又不善經理無處揭借
不能不欠夷人之賬設有虧缺即不能不賒欠
商之貨以致攙選夷人貨積欠愈多不敷挪移
為夷商所挾制甚至以詳估貨價不得其平因此
虧商持受虧於之罪若使該商行陸續至收時

五八〇　兩廣總督蔣攸銛奏折

密陳夷商貿易情形酌籌整飭洋行事宜（嘉慶十九年十月十九日）

辦理洋商積重難返之勢向例貨船出
口海關監督衙門發給印照回國即取有夷人稱
無帶夾帶字甘結存案此事遂成格套難以憑
信臣等再四熟商擬俟各夷交易事畢派委明
幹大員精飭總商伍敦元盧棣榮會查各商私
各貨入艙多寡以為斷前限易於歸結並勒限清
完催貨款完竣倘拖欠過多不肯據實供吐
即應
奏明斥革將承辦貿易行規歸于殷商分辦俾
照向辦章程查核交撥不致以數人之累眾商攤股

攤還現在各商已有代還之款應俟攤完後分年
續攤並飭此後不得濫保身家淺薄之人遞充
一體遵照如此則夷人不能操縱居奇以挾制
洋行洋行亦不致依借侵欺拖累商賈且夷
賬既已清楚每年貨船回國即有未售完之貨
可交住澳大班等料理或酌留數人亦屬無多
仍應禁止內地民人不准私往交接庶立法益臻
周密而弊端可期剔除于防弊柔遠之道兩
無妨礙嘗候查向洋商夷務新分別整飭
行所有夷商實在情形及酌籌辦理緣由臣

五八〇　兩廣總督蔣攸銛奏折

密陳夷商貿易情形酌籌整飭洋行事宜（嘉慶十九年十月十九日）

等謹合詞恭摺密

奏伏乞

皇上睿鑒訓示謹

奏

嘉慶十九年十二月初三日奉

硃批另有旨欽此

十月十九日

五八一　兩廣總督蔣攸銛奏折

查有同文行退商潘致祥私置夷館坐享厚利（嘉慶十九年十一月十九日）

臣蔣攸銛等跪

奏爲各國夷商來粵貿易俱係賃居洋

商所建夷館不許私賃民房居住以

杜交通私弊茲查有退商同文行潘

致祥即潘有度向置夷館三所共值

價銀五萬餘兩自退商後僅與現商麗

泉行潘長耀寫立定帖收銀一萬二千兩

兩並未立契每年夷館租息仍係潘致

祥收用該退商既非現商即不應與夷

五八一　兩廣總督蔣攸銛奏折

查有同文行退商潘致祥私置夷館坐享厚利（嘉慶十九年十一月十九日）

人交涉且其身家素稱殷實洋務家
為熟練為夷人及內地商民所信服
從前退商本屬取巧現當洋行疲敝
之時何得任其置身事外私享厚利應
飭仍充洋行商即令同總商伍敦元等清
理一切如果實心籌辦行務漸有起色
其數年所收夷館租息應請從寬免
其追繳至潘長耀已交定銀聽其自
行清理俾各殷實商人不致效尤告退

以杜規避臣等謹附片具
奏伏乞請
旨施行謹
奏
嘉慶十九年十二月初二日奉
硃批另有旨欽此

十一月十九日

五八一　兩廣總督蔣攸銛奏折
查有同文行退商潘致祥私置夷館坐享厚利(嘉慶十九年十一月十九日)

五八二　兩廣總督蔣攸銛奉上諭將英船進口原委及商人積欠夷商貨價各事宜妥議具奏(嘉慶十九年十一月二十八日)

軍機大臣　字寄

兩廣總督蔣　傳諭粵海關監督祥紹　嘉慶

十九年十一月二十八日奉

上諭朕近聞本年八九月間有暎咭唎護貨兵船一隻違例闖入虎門經蔣攸銛派委營員帶師船前往驅逐據暎咭唎夷目具稟該國與咪唎堅國素有仇隙因途遇該國夷船恐其劫奪貨物用船防護以致誤入口門悚惶謝罪等語此事何以未據蔣攸銛等奏及並聞近年以來暎咭唎貨船到粵專與之商交易積欠夷賬不少該夷人所以願將貨物付與無力洋商者利其多算價值輾轉取

五八二　兩廣總督蔣攸銛奉上諭將英船進口原委及商人積欠夷商貨價各事宜妥議具奏(嘉慶十九年十一月二十八日)

情因而與之愈積愈多又有暎咭唎夷人哃噹唻前於該國入貢時曾隨入京師年幼狡黠回國時將沿途山川形勢俱一一繪成圖冊到粵後又不回本國留住澳門已二十年通曉漢語定例澳門所住夷人不准進省哃噹唻因松筠前曾伴送該國貢使於松筠任兩廣總督時遂來省稟見及蔣攸銛到任後哃噹唻亦從來省經蔣攸銛斥回未見哃噹唻在粵既久暎咭唎夷人來粵者大半聽其教誘日久恐致滋生事端其洋商積欠該夷人貨價過多受其挾制亦復不成事體著蔣攸銛等即將暎咭唎兵船進口原委詳細具奏並查明哃

五八二　兩廣總督蔣攸銛奉上諭將英船進口原委及商人積欠夷商貨價各事宜妥議具奏(嘉慶十九年十一月二十八日)

嘀咪在粤有無教唆勾通踪蹟如查有實據或遞
徙安置奏明妥辦至各洋商内積欠該夷人貨價
究有若干其乏商可以追還抵償者可得若干負
欠無償者應即行革退照例懲辦另令殷實商人
承充今年該還積欠嗣後咲咭唎夷貨到粤時應
如何將貨物俱派殷商交易不致拖欠滋弊之處
均著悉心妥議具奏將此諭令知之欽此遵
旨寄信前來

五八三　兩廣總督蔣攸銛奉上諭著嚴禁夾帶及私造鴉片烟并令地方官認真查驗(嘉慶二十年三月二十三日)

軍機大臣　字寄
兩廣總督蔣　廣東巡撫董　嘉慶二十年三
月二十三日奉
上諭蔣攸銛等奏酌定查禁鴉片烟章程請於西洋
貨船到澳時先行查驗並明立賞罰使地方官知
所懲勸等語鴉片烟一項流毒甚熾多由夷船夾
帶而来嗣後西洋貨船至澳門時自應按船查驗
但此時查禁之初先當向該夷人等明白曉諭着
該督等廣爲出示以鴉片烟一項産自外洋流入

五八三　兩廣總督蔣攸銛奉上諭著嚴禁夾帶及私造鴉片烟并令地方官認真查驗(嘉慶二十年三月二十三日)

中國各處風土異宜爾等在本國地方自行服用俗尚相沿天朝原所不禁至流入內地無賴之徒私行買食往往沉迷陷溺伐性戕生大為風俗人心之害是以例禁甚嚴屢經奉旨飭查斷不能任爾等夾帶銷售嗣後爾等貨船到澳均須逐船查驗如一船帶有鴉片即將此一船貨物全行駁回不准貿易若各船皆帶有鴉片亦必將各船貨物全行駁回俱不准其貿易原船即逐回本國天朝富有四海豈需爾小國些微貨物哉至爾等在澳居住之人既在天朝地方即應遵奉天朝

硃

五八三　兩廣總督蔣攸銛奉上諭　著嚴禁夾帶及私造鴉片烟并令地方官認真查驗(嘉慶二十年三月二十三日)

法度若敢於私自製造希圖就近牟利則法律具
在即與在中國私傳天主教無異必重治爾等之
罪不能寬恕如此剴切示諭該夷人等自各畏懼
凛遵不敢違禁售賣以後仍隨時認真查驗庶可
杜絕来源至粤省行銷鴉片積弊已久地方官皆
有失察處分恐伊等瞻顧因循查拏不力嗣後有拏
獲鴉片烟之案除查明地方委員等有得規故縱
情事應嚴參辦理外其僅止失察者竟當概行寬
免處分至所請拏獲興販烟觔自二百觔至五千

五八三　兩廣總督蔣攸銛奉上諭著嚴禁夾帶及私造鴉片烟并令地方官認真查驗（嘉慶二十年三月二十三日）

勅以上分别紀錄加級及送部引見並軍民人等

拏獲奬賞以及誣良治罪之處俱著照該督等所

請行將此諭令知之欽此遵

旨寄信前來

五八四　兩廣總督蔣攸銛奏折

遵查洋商拖欠夷人貨銀業經停利歸本應請
勒限分年清還（嘉慶二十年九月二十八日）

兩廣總督臣蔣攸銛
廣東巡撫臣董教增　跪

奏為遵
旨查明洋商拖欠夷人貨賬銀兩業經停利歸本應
請勒限分年清還恭摺覆奏仰祈
聖鑒事上年承准軍機大臣字寄臣蔣攸銛傳諭粵
海關監督臣祥紹嘉慶十九年十一月二十八
日奉
上諭聞近年以來𠸄咭唎貨船到粵專與乏商交易
積欠夷賬不少該夷人所以願將貨物付與無力

五八四　兩廣總督蔣攸銛奏折

遵查洋商拖欠夷人貨銀業經停利歸本應請勒限分年清還(嘉慶二十年九月二十八日)

洋商者利其多算價值輾轉取償因而夷欠愈積愈多著蔣攸銛等即將各洋商内積欠該夷人貨價究有若干其乏商可以追還抵償者可得若干負欠無償者應即行革退照例懲辦另僉殷實商人承充分年認還積欠嗣後暎咭唎夷貨到粵時應如何將貨物俱派殷商交易不致拖欠滋弊之處悉心妥議具奏欽此本年正月初八日臣蔣攸銛臣董教增承准

廷寄欽奉

五八四　兩廣總督蔣攸銛奏折

遵查洋商拖欠夷人貨銀業經停利歸本應請勒限分年清還（嘉慶二十年九月二十八日）

上諭蔣攸銛等奏密陳夷商貿易情形及酌籌整飭
洋行事宜一摺所辦俱是其退商潘致祥久充洋
商家道殷實從前朦混請退本屬取巧現當洋行
疲敝之時豈容任其置身事外著責令仍充洋商
與各總商認真清理一切毋許狡卸欽此臣等遵
即咨會粵海關監督飭傳退商潘致祥仍充洋
商責令與各總商認真清理一面札飭司道遴
委妥實廉幹之員確切查辦去後茲據署布政
使李鑾宣署按察使陳廷杰兼護督糧道楊健
會詳檄飭委員廣州府等查據洋行總商伍敦

五八四　兩廣總督蔣攸銛奏折

遵查洋商拖欠夷人貨銀業經停利歸本應請勒限分年清還（嘉慶二十年九月二十八日）

元盧棣榮及復充洋商之潘致祥稟稱商等親到夷館向𠸄咭唎國大班嗌咃啞及管理港脚賬目夷商噧囉喱等確查各行所欠賬目當據夷商嗌咃啞等聲稱夷等在廣與各行貿易貨物重大盈鈌靡常偶因生意虧折以致掛欠銀兩彼此常有現在各行所欠貨價銀兩夷等業已止息分年扣還歸款計自嘉慶十七年起遞年各行將所得生意餘羨銀兩陸續撥出分還各欠照此辦理約計三五年間便可清還此係

夷等兩相情願懇免開報等語隨即向各行商
人查詢欠賬數目據福隆行商人關成發稟稱
實欠嘆咭唎國公司及港脚夷賬共銀三十三
萬八千九百二十九兩九錢八分八厘求准分
限六年清還又據西成行商人黎光遠稟稱實
欠嘆咭唎國公司及港脚夷賬共銀二十九萬
五千一百九十四兩三錢求准分限六年清還
又據麗泉行商人潘長耀稟稱實欠嘆咭唎國
公司及港脚夷賬共銀二十二萬八千九百五
兩一錢三分求准分限四年清還又據東裕行

五八四　兩廣總督蔣攸銛奏折

遵查洋商拖欠夷人貨銀業經停利歸本應請勒限分年清還(嘉慶二十年九月二十八日)

商人謝慶泰稟稱實欠𠸄咭唎國公司及港脚夷賬共銀九萬一千九百八十七兩九錢二分求分限三年清還又據同泰行商人麥覲廷稟稱實欠𠸄咭唎國公司及港脚夷賬共銀八萬八千九百三兩九錢六分求准分限三年清還又據萬源行商人李協發稟稱實欠𠸄咭唎國公司及港脚夷賬共銀一萬一千四十兩八錢七分懇限一年清還又據天寶行商人梁經國稟稱實欠𠸄咭唎國公司及港脚夷賬共銀六

千九百六十二兩四錢六分懇限本年底清還
又據七行商人關成發等同稱各夷賬目於嘉
慶十七年止息委係實情自十七年至十九年
合計共還過銀一百三十萬四千七百九十四
兩六錢四分九厘現在共計尚欠夷賬銀一百
六萬一千九百二十四兩六錢二分八厘各商
所欠銀數多寡不一是以分別求限自本年至
三四年及六年清還屆期如不清還情甘治罪
各等語并據七行各將夷賬備具清單粘連甘
結前來商等伏思中外貿易原欲日久相安今

五八四　兩廣總督蔣攸銛奏折

遵查洋商拖欠夷人貨銀業經停利歸本應請勒限分年清還(嘉慶二十年九月二十八日)

查各商所欠夷人賬目已於十七年停止利息該夷商大班亦稱遞年撥出生意餘羡約計三五年間便可清還即七行商人關成發等亦經開明欠數求限清還係屬兩相情願自可相安理合帶同各商呈繳清單限結伏乞轉詳俯順夷情准照欠數多寡分限清還如統限屆滿不能清還應請照依限結將該商按例治罪等情連粘各商所開夷賬清單限結經委員廣州府等查明由司道會核具詳前來臣等誠恐該行商等所稟或有徇飾并各商所欠夷人銀兩果

否五六年間可以一律清還不致夷商偏向疲
商交易而疲商亦不致拖累内地商民及與向
辦章程有無窒礙當復咨查粤海關監督確核
移覆辦理兹准監督臣祥紹覆稱查乾隆六十
年前任總督臣朱珪前任監督臣舒璽奏辦革
商石中和拖欠夷人貨價案内欽奉
上諭嗣後洋商拖欠夷人貨價每年結算不得過十餘
萬兩如有拖欠過多隨時勒令清還等因欽此欽遵
在案今福隆等七行共欠夷賬銀一百六萬有
零既經司道等查明各國夷人來廣貿易各行

五八四　兩廣總督蔣攸銛奏折

遵查洋商拖欠夷人貨銀業經停利歸本應請勒限分年清還(嘉慶二十年九月二十八日)

交易銀兩或年清年款或因生意虧折少欠貨價俟下年分還歷来皆有查各行所欠夷賬係屬暎咭唎國及港脚各夷商銀兩或欠數千兩至三十餘萬不等今據暎咭唎國大班嗌𠹭哐等以各行所欠銀兩業已止息分年扣還歸款自嘉慶十七年起遞年各行將所得生意餘羡銀兩陸續撥出分還各欠計三五年間便可清完此係夷等情願等語即欠夷商銀兩之七行商人關成發等開明欠數求限清還或限一年至三五年及六年不等自屬兩相情願各行所

欠夷債自十七年起遞年將所得餘羨銀兩陸
續撥還照常交易商夷彼此相安並據總商伍
敦元等帶同各商呈繳各行所欠夷商銀兩清
單限結轉繳前來核與欽奉
上諭如有拖欠過多隨時勒令清還
諭旨相符似應如司道等所議准照各行欠數多寡分
限清還倘六年統限已滿仍不能掃數還清即
照各行自具限結將該商按例治罪至於不致
夷商偏向疲商交易而疲商亦不致拖累内地
商民之處查前辦革商石中和案内准刑部咨

五八四　兩廣總督蔣攸銛奏折

遵查洋商拖欠夷人貨銀業經停利歸本應請勒限分年清還(嘉慶二十年九月二十八日)

行商承售夷貨即未能年清年款亦不應積欠如此之多應令悉心籌畫嚴立章程等因並經前任督臣朱珪前任監督臣舒璽援照乾隆四十五年酌議行規洋船每年到廣將出入口貨摘其大宗銷售最多者照時值定價公平交易其餘各貨亦隨時酌議價值不致懸殊既不病夷又不虧商自應仍循舊章妥協辦理俾各行承買各貨照時值定價隨買隨賣固不得高擡居奇亦不得減價賤售務期公平交易貨物流

五八四　兩廣總督蔣攸銛奏折

遵查洋商拖欠夷人貨銀業經停利歸本應請勒限分年清還(嘉慶二十年九月二十八日)

通等因咨部核覆亦在案至今仍遵照辦理並由監督不時稽查如有將價值任意低昂即行查究如此申定章程則交易公平自不致夷商偏向疲商交易而疲商亦不致拖累内地商民仍責令復充洋商潘致祥協同總商伍敦元盧棣榮督令各商照依具限清還如有短欠即據實禀明核辦等因咨覆前来臣等伏查各國夷人来粤貿易貨多價重偶有拖欠下年分還固屬歷来皆有之事第恐利中起利愈積愈多致有盤剥壟斷情弊兹據查明各行商所欠銀兩

五八四　兩廣總督蔣攸銛奏折

遵查洋商拖欠夷人貨銀業經停利歸本應請勒限分年清還(嘉慶二十年九月二十八日)

自嘉慶十七年業已停利歸本在夷商之意亦慮及行商一經革退將欠項歸於三四股商則現在尚有攤還革商鄭崇謙倪秉發等欠項未完歸補無期而既經停利歸本數有一定逾年所得生意餘羡可以陸續歸還自十七年止息起至十九年止已償還一百三十萬有零今據各行商及嘆咭唎大班噫咣哐等俱情願分限清還照常交易彼此相安並經監督臣祥紹核與從前勒限清還

諭旨相符相應奏明請

五八四　兩廣總督蔣攸銛奏折　遵查洋商拖欠夷人貨銀業經停利歸本應請勒限分年清還(嘉慶二十年九月二十八日)

旨准其勒令依限清還如限滿尚有舊欠未清責令
總商詢明稟辦並傳諭該大班等各行商欠數
過多因難辭咎而該夷商以貨易貨任意賒給
疲商以致積欠纍纍且明知與不得過十萬兩
之舊章有悖懇免開報欠數本應將疲商即行
斥革究辦姑念業經停利歸補有期是以俯如
所請寬其既往此乃
天朝格外深恩軫念該夷商遠涉重洋貿易不忍令
其貲本日久延欠並非姑息行商經此番清釐

五八四　兩廣總督蔣攸銛奏折

遵查洋商拖欠夷人貨銀業經停利歸本應請勒限分年清還(嘉慶二十年九月二十八日)

之後該大班等務須循照舊章將出入貨物議定時值公平交易夷商不得偏向疲商多賒貨物疲商亦不得以内地商民銀貨誆抵拖累庥中外一視同仁貿易相安無弊倘再不遵舊定章程賒欠過多除將行商斥革治罪外欠項即歸無着毋貽後悔再現在各行商如於限内另有事故或犯案革退其呈出舊欠之數尚未到限清完仍准照向辦章程如財産不敷抵補歸於衆商分年攤還以示體邺其原充同文行商潘致祥復充洋商改名同孚行入册承充業經

五八四　兩廣總督蔣攸銛奏折

遵查洋商拖欠夷人貨銀業經停利歸本應請勒限分年清還(嘉慶二十年九月二十八日)

監督臣祥紹咨明戶部在案至此案因俟本年六月底清完課餉之後方可截數確查是以覆奏稍遲合併陳明所有臣等查明洋商拖欠夷賬銀兩業經停利歸本應請勒限分年清還緣由謹會同粵海關監督臣祥紹恭摺具

奏伏乞

皇上睿鑒訓示謹

奏

另有旨

嘉慶二十年九月　二十八　日

五八五　粵海關監督祥紹奏折

報告經征關稅一年期滿稅銀數目

(嘉慶二十一年正月二十日)

奴才祥紹跪

奏為恭報經征關稅一年期滿數目仰祈

聖鑒事竊照粵海關征收正雜銀兩向例一年期滿

先將總數

奏明俟查核支銷確數另行恭疏具

題並分款造册委員解部歷年遵照辦理又嘉慶

四年五月承准户部劄行奉

上諭向來各關征稅於正額之外將盈餘一項比較

上三屆征收最多年分如有不敷即着經征之員

賠補以致司榷各員藉端苛斂而賠繳之項仍未
能如數完交徒屬有名無實因思各關情形不同
所有盈餘數目自應酌中定制以歸核實而示體
恤已於戶部所奏各關盈餘銀數清单内經朕查
照往年加多之數分别核減自此次定額之後倘
各關每年盈餘於新定之數再有短少即行着落
賠補如於定數或有多餘亦即儘收儘解其三年
比較之例着永行停止並奉
欽定粵海關盈餘銀八十五萬五千五百兩欽此欽

遵各在案兹將經征丁丑年分關稅自嘉慶十
九年十二月二十六日起至二十年十二月二
十五日止一年期滿大關各口共征銀一百三
十三萬一千二百三十九兩八錢六分核與
欽定盈餘銀數計溢收銀四十七萬五千七百三十
九兩零除將到關船隻及貨物粗細分別造具
清册送部核對外所有經征關稅一年期滿數
目理合恭摺具
奏伏乞

五八五　粵海關監督祥紹奏折

報告經征關稅一年期滿稅銀數目

（嘉慶二十一年正月二十日）

皇上睿鑒謹

奏

戶部知道

嘉慶二十一年正月　二十　日

五八六　署理兩廣總督董教增奏折

查探英貢船經過粵省洋面情形（嘉慶二十一年六月二十八日）

兼署兩廣總督廣東巡撫臣董教增
粵海關監督臣祥紹跪

奏為查探暎咭唎貢船經過粵洋日期恭摺奏報

仰祈

聖鑒事竊照暎咭唎國王遣使輸誠入貢經臣等奏

奉

恩允嗣因該國王以在粵貿易夷商嘶噹唻諳習

天朝禮節派充副貢使臣隨同入都嘶噹唻稟明出

洋迎探貢船附載同行復經臣等將遵

五八六　署理兩廣總督董教增奏折
查探英貢船經過粵省洋面情形
(嘉慶二十一年六月二十八日)

旨辦理並查探籌辦情形會摺附驛覆
奏在案臣等查該夷商吗嘴唻乘坐船隻出洋迎
探貢船自係該貢船已距粵不遠當飭行文武
周密查探茲據署廣州府澳門同知李澐香山
縣知縣馬德滋署水師提標叅將吳紹麟先後
稟報探得六月十六日傍晚時候老萬山外香
港洋面有暎咭唎國夷船數隻停泊彼處飭據
洋商伍敦元等詢據該國在粵夷商嘓咖啉稟
稱伊國王讚懇入

五八六 署理兩廣總督董教增奏折
查探英貢船經過粵省洋面情形
(嘉慶二十一年六月二十八日)

貢是以貢船來粵探聽曾否奉到
諭旨夷商謹將仰蒙
大皇帝恩旨允准寄信告知貢船即于十九日開行
駛赴天津入都貢船内有正貢使囉咡啊嘆吐
嚧副貢使喉哩時連副貢使呞噹喇一共三員
呈進貢品物及隨從人數並不知道等語臣等
復飭確切跟探暎咭唎貢船大小一共五隻實
已于本月十九日開行向東北駛去似係經由

五八六　署理兩廣總督董教增奏折　查探英貢船經過粤省洋面情形（嘉慶二十一年六月二十八日）

浙洋駛往天津除飛咨直隸督臣天津塩政浙
江撫臣查照外所有嘆咭唎國貢船過粤日期
臣等謹合詞附驛馳
奏伏乞
皇上睿鑒謹
奏
另有旨
嘉慶二十一年六月　二十八　日

五八七 兩廣總督百齡奏折

英貢船帶有護兵船令停泊外洋（嘉慶二十一年六月）

奴才百齡跪

奏再奴才於六月初六日接奉
上諭暎咭唎國遣使進貢由海洋水程至天津入都
業經准其入貢第洋面風帆靡常該國貢船現在
未知行抵何處著飭知沿海州縣一體查探該國
貢船經過之處如在洋面安靜行走即無庸過問
倘近岸停泊或欲由彼改道登岸即以該國遣夷
官向兩廣總督具禀後業經奏明大皇帝准其由
天津登岸天朝定例綦嚴不許擅自改道亦不准

私行登岸仍密飭沿海文武員弁加意防範毋稍
疎懈等因欽此臣遵即飛飭蘇松鎮臣趙春曉狼
山鎮臣尚維侗令專派將弁出洋梭織巡查一
面劄行江蘇臬司及松太道轉飭沿海文武遵
照辦理惟查江蘇各海口情形松江府屬海面
由馬蹟山通連浙洋大船往來係屬孔道其餘
通州海州等處雖俱瀕海而均有淺灘僅通小
號商漁船隻凡外洋巨艦皆不能駛至岸口臣
現飭該鎮道等遴委員弁各乘小舟駕駛出洋

五八七　兩廣總督百齡奏折

英貢船帶有護兵船令停泊外洋(嘉慶二十一年六月)

往來瞭望如遇暎咭唎國進貢船隻若在洋安
静行走即無庸過問倘欲停泊收口改道進京
即欽遵
諭旨曉諭該夷以
天朝定例綦嚴該國既經籲懇兩廣總督
奏明由天津登岸即不得擅自改道亦不准私行
登陸諭令該夷等迅速行走毋得自取咎戾惟
是奴才前任兩廣總督時稔知暎咭唎夷船向來
抵粵凡係貢船貨船俱另有兵船護衛每屆抵

五八七　兩廣總督百齡奏折

英貢船帶有護兵船令停泊外洋(嘉慶二十一年六月)

粤之時俱先諭令該夷等將兵船停泊虎門以
外龍穴等處洋面另派引水人等將其貨船引
入虎門由澳門以至黄埔其兵船停泊外洋亦
由澳門向知派出買辦數人赴伊船上代買食
物夷人一概不許登岸歷係如此辦理茲該夷
進
貢船隻由粤洋行至天津道路遥遠或亦帶有兵
船護衛天津係商賈雲集闤闠之區若令該夷
兵船停泊口内恐致商民驚駭可否

五八七　兩廣總督百齡奏折

英貢船帶有護兵船令停泊外洋（嘉慶二十一年六月）

飭下直隸督臣轉飭天津鎮道於該夷貢船將到時
察其如果帶有護衛之兵船即諭令在外洋停
泊祇令貢船進口以示
威懷督愚昧之見是否有當恭候
睿裁謹附片奏
聞謹
奏
另有旨

五八八　兩廣總督蔣攸銛奏折

英使入貢須加防範以堵妄有

(嘉慶二十一年閏六月二十三日)

兩廣總督臣蔣攸銛
廣東巡撫臣董教增跪

奏為詳查嘆咭唎國入貢情形恭摺密陳仰祈
聖鑒事竊照嘆咭唎遣使入貢經由海道前赴天津
並啁噹嗹充當副貢使及貢船經過粵洋各緣
由業經臣教增節次奏明在案臣等伏查粵洋
貿易始自前明各國貨船載有砲械雲集於距
省六十里黃埔地方華夷雜處本非善政即西
洋國人賃居澳門一區蓋造房屋租與各國夷
商居住其西洋船貨到澳經上夷樓不納稅課

五八八 兩廣總督蔣攸銛奏折

英使入貢須加防範以堵妄有

(嘉慶二十一年閏六月二十三日)

俟内地商民買來貨物始行報税。其人尚柔順，貨亦有限，是以日久相沿，姑仍其舊。而私傳天主教、夾帶鴉片烟之弊，已難禁絶。至暎咭唎貪狡性成，向與中土不通，其進貢而求貿易，本欲效法西洋人所為，以圖壟斷網利（是其本心）。前次到天津時，不肯學習叩拜，頗為桀驁（此次亦同，更甚於前次矣，可恨）。近年與咈囒西搆兵不休，並恃其船堅砲利，在外洋攔阻各國貨船赴粵。惟該國國王之祖家船二十餘隻及國人之港脚船如期而至。自上年各國貨船漸有到粵，傳聞與暎咭唎講和，始能無阻。從前西

五八八　兩廣總督蔣攸銛奏折　英使入貢須加防範以堵妄有
（嘉慶二十一年閏六月二十三日）

洋人恐其侵佔甚為畏憚令與之轉相和好必
另有勾是結之故現在臣等嚴密訪查妥為駕馭
再查嘉慶十三年該國兵船駛入內港求居澳
門一案係其帶兵官與咈囒西戰敗欲藉此為
邀功之地國王並不知情聞驅逐回國時曾加
以譴責今據稱國王年老太子攝政誠恐奸夷
慫恿啟智復萌藉貢進京又有干請我
朝德威遠被外藩莫不來王如琉球由福建暹羅
由廣東越南由廣西緬甸由雲南皆就近登岸
入貢况暎咭唎兩次進貢其貢船均曾由粵洋

五八八　兩廣總督蔣攸銛奏折

英使入貢須加防範以堵妄有

(嘉慶二十一年閏六月二十三日)

經過何得舍近就遠(此論甚是)不避艱險逕赴天津顯有
熟悉海道之人為之接引若此後援以為例(所論甚是)於
內地洋面來往自如任意停泊殊有關係再查
各國派人在粵經理貿易有大班二班等名目
其更換向不稟報哃噹㖦現充該國大班今特
令充副貢使並帶同能通漢話之夷商啵咟等
五人入都自因其狡黠能言便於祈請或此舉
竟係該黠夷等主(是)使亦未可定在
聖主民胞物與廣大
如天雖該夷納貢輸誠情詞極順惟中外之體宜崇

五八八　兩廣總督蔣攸銛奏折

英使入貢須加防範以堵妄有
(嘉慶二十一年閏六月二十三日)

邊防之道必慎此次該貢使抵京應否
欽派大臣董理其事格外示之森嚴庶潛消其貪妄
其護貢兵船飭令停泊外洋隨從多人暫留天
津妥爲安頓不得一概赴京並可否
勅諭該國王以該國距京遥遠無須跋涉貢獻即有
必須入貢之事當照琉球等國定例就近由廣
東北上不可冒風濤之險遠赴他處收口嗣後
若不恪守章程船到天津不准登岸並不接收
貢物即粤東貿易亦可停止該貢使回程時呞
嚐嗹及由澳門帶去之人似當由陸路遂程派

五八八　兩廣總督蔣攸銛奏折

英使入貢須加防範以堵妄有

（嘉慶二十一年閏六月二十三日）

員伴送來粵其餘貢使人等仍由海道原船回
國均不許沿途逗遛俾臣等仰仗
天威得以隨時飭禁而該黠夷無所覬覦從此不復
妄有干求於
懷柔之中示防閑之準似於海疆邊防較有裨益
臣等愚昧之見是否有當恭摺密陳伏乞
皇上睿鑒訓示謹
奏
君臣同心所論無一字不合最可恨者朕誤用無

五八八　兩廣總督蔣攸銛奏折

英使入貢須加防範以堵妄有（嘉慶二十一年閏六月二十三日）

能之臣以致不成政體易有旨

嘉慶二十一年閏六月　二十三　日

五八九　各省督撫奉上諭　英貢使狡詐無禮已遣令歸國沿途恐有窺伺飭知沿海文武留心嚴防（嘉慶二十一年七月初八日）

軍機大臣　字寄
直隸山東江蘇浙江福建廣東各督撫　嘉慶
二十一年七月初八日奉
上諭此次嘆咭唎國遣使入貢該使臣等到天津時
朕特派蘇楞額廣惠前往賞給筵宴蘇楞額帶領
該貢使謝宴該貢使即不遵行三跪九叩之禮比
至通州又派和世泰穆克登額前往責問並令演
習跪叩儀節據和世泰等奏稱該使臣等起跪尚
堪成禮於初六日帶至海淀公館當經降旨令於

五八九　各省督撫奉上諭

英貢使狡詐無禮已遣令歸國沿途恐有窺伺飭知沿海文武留心嚴防(嘉慶二十一年七月初八日)

初七日帶領瞻覲屆期該貢使等已到宮門正貢
使忽患重病不能行動朕諭以正使患病即令副
使進見其副使復稱患病不能進見該貢使等如
將該貢使等即日遣回
此狡詐無禮不堪仰承恩賚是以降旨派令廣惠
沿途伴送由直隸山東江南安徽江西廣東水陸
程途遞送至粵門登舟回國其貢船五隻前由天
洋私自開行南去即經諭知江南浙江廣東各督
撫如該貢船駛至海口即飭令開行不准一人上
岸不許寄椗逗留並令蔣攸銛祥紹候該貢船抵

五八九　各省督撫奉上諭

英貢使狡詐無禮已遣令歸國沿途恐有窺伺飭知沿海文武留心嚴防(嘉慶二十一年七月初八日)

粤即將其羈留飭令守候貢使等到粤仍乘原船歸國本日據陳預奏稱閏六月二十三日早間暎咭唎貢船一隻到登州剛兒嘴寄碇未刻開至廟島外洋暫泊等候後船四隻於二十五日開行由榮成成山一帶駛赴江南交界洋面等語暎咭唎夷船已由山東放洋南去不日即可駛至廣東該督撫等自各遵照前旨辦理該貢使等此次不能成禮致令駁遣回國倘夷性罔知法度潛於沿邊海口窺伺著直隸

五八九　各省督撫奉上諭

英貢使狡詐無禮已遣令歸國沿途恐有窺伺飭知沿海文武留心嚴防(嘉慶二十一年七月初八日)

山東江蘇浙江福建廣東各督撫飭知沿海文武
員弁各將水師砲械勤加訓練並留心察探此後
如有唊咭唎國夷船駛近海口即行驅逐不許寄
碇停泊並不准其一人登岸倘該夷船不遵約束竟有
搶掠情事即痛加勦殺或用礮轟擊不可稍存姑
息將此各諭令知之欽此遵
旨寄信前來

五九〇　硃諭

英吉利貢使藉故不行跪拜禮逐其回國(嘉慶二十一年七月初八日)

嘉慶二十一年七月初八日奉

硃諭此次嘆咭唎國進貢使臣至天津海口登岸特

命蘇楞額廣惠傳旨賜宴令其謝宴行三跪九叩

禮如合式即日帶領進京如不諳禮儀具奏候旨

其原船均令駕駛仍由原路回津泛海還國蘇楞

額廣惠故違旨意徑行帶來又縱令原船私去伊

二人之咎在此因事已不妥又命和世泰穆克登

額迎赴通州演禮以七月初六日為限限內行禮

即日帶來滿限尚未如儀即行參奏候旨和世泰

穆克登額於初五日含混具奏初六日徑自帶來

五九〇　硃諭

英吉利貢使藉故不行跪拜禮逐其回國(嘉慶二十一年七月初八日)

朕於未初二刻御勤政殿召見伊二人先詢以演禮之事伊二人免冠碰頭云併未演禮及至再問以既未演禮何不叅奏和世泰云明早進見必能如儀此一節伊二人之咎已同前二人矣至初七日早膳後卯正二刻朕傳旨陞殿召見來使和世泰初次奏稱不能快走俟至門時再請二次奏稱正使病泄少緩片刻三次奏稱正使病倒不能進見即諭以正使回寓賫醫調治令副使進見四次奏稱副使俱病俟正使痊愈後一同進見中國為天下共主豈有如此侮慢倨傲甘心忍受之理是以

五九〇 硃諭

英吉利貢使藉故不行跪拜禮逐其回國(嘉慶二十一年七月初八日)

降旨逐其使臣回國不治重罪仍命廣惠護送至廣東下船近日召見廷臣始知來使由通州直至朝房行走一夜來使云進見朝服在後尚未赶到便服焉能瞻覲大皇帝此等情節和世泰見面時何不陳奏即或遺忘或晚間補奏或次日一早具奏俱可直至將次陞殿總未奏明情節伊二人之罪重於蘇楞額矣若預先奏明必改期召見成禮而返不料庸臣誤事至此朕實無顏下對臣工惟躬自引咎耳四人之罪俟部議上時再行處分先將此旨通諭中外及蒙古王公等知之欽此

五九一　兩廣總督蔣攸銛奏折
英貢船抵粵遵旨核辦
(嘉慶二十一年八月初一日)

兩廣總督臣蔣攸銛
廣東巡撫臣董教增跪

奏為恭奉
諭旨欽遵辦理及查有暎咭唎貢船駛抵粵洋現在
核辦緣由恭摺奏請
聖訓事竊照暎咭唎國王敬遣使臣齎貢方物節經
臣等將查辦情形先後奏蒙
睿鑒本年七月十八日准軍機大臣字寄閏六月二
十八日欽奉
上諭暎咭唎國貢船於本月初間行抵天津海口貢
使人等陸續登岸赴津其原貢船五隻並船内官

五九一　兩廣總督蔣攸銛奏折

英貢船抵粵遵旨核辦

(嘉慶二十一年八月初一日)

柁水手等五百八十餘人並未報明忽於二十日放洋東去可惡已極著蔣攸銛董教增祥紹不時差探一俟該貢船抵粵即派委妥員將其船隻羈留飭令安靜守候貢使等到粵仍乘原船歸國切勿疎懈欽此臣等遵即會同海關監督臣祥紹移行沿海文武周密查探嗣據香山縣知縣馬德滋等先後稟報七月二十二日探有𠸄咭唎國大夷船一隻船名唵咘嚧據稱即正貢船駛回粵東伶仃外洋灣泊又是月二十四日有𠸄咭

五九一　兩廣總督蔣攸銛奏折

英貢船抵粵遵旨核辦

(嘉慶二十一年八月初一日)

唎原護送貢船之兵船二隻一名唎嘶一名唎時一名喋
唎咈駛抵粵東九灣角外洋寄碇等情臣等正
在委員查辦間又於七月二廿七日准軍機大
臣字寄七月初八日欽奉
上
諭唊咭唎國貢使到天津時朕特派蘇楞額廣惠
前往賞給筵宴該貢使謝宴時即不遵行三跪九
叩之禮比至通州又派和世泰穆克登額前往責
問並令演習跪叩儀節降旨於初七日帶領瞻覲
屆期該貢使等已到宮門正貢使忽患重病不能
行動副貢使復稱患病不能進見該貢使等如此

五九一　兩廣總督蔣攸銛奏折

英貢船抵粵遵旨核辦
（嘉慶二十一年八月初一日）

狡詐無禮不能仰承恩賚是以降旨將該貢使等
即日遣回派令廣惠沿途伴送由直隸山東江南
安徽江西廣東水陸程途遞送登舟回國其貢船
五隻前由天津私自開行即經諭知蔣攸銛詳細
俟該貢船抵粵將其羈留飭令守候貢使等到粵
仍乘原船歸國本日據陳預奏稱閏六月二十三
日早間暎咭唎貢船一隻到登州剛兒嘴寄碇未
刻駛至廟島外洋等候後船四隻於二十五日開
行赴江南交界等語暎咭唎夷船已由山東放洋
南去不日可至粵東該督撫等自各遵照前旨辦

五九一　兩廣總督蔣攸銛奏折

英貢船抵粵遵旨核辦

(嘉慶二十一年八月初一日)

理該貢使等此次不能成禮致令駁遣回國倘罔
知法度潛於沿邊海口窺伺著各督撫飭知沿海
文武各將水師礮械勤加訓練並留心察探此後
如有𠸄咭唎國夷船駛近海口即行驅逐不許停
泊亦不准一人登岸倘夷船不遵約束竟有搶掠
情事即痛加勦殺或用礮轟擊不可稍存姑息欽
此並准禮部恭録
諭旨以該貢使等已到宫門忽俱患病竟係無福承
受天朝恩賚著即日遣回該國王表文亦不呈覽

五九一　兩廣總督蔣攸銛奏折

英貢船抵粤遵旨核辦
（嘉慶二十一年八月初一日）

其貢使回國入廣東境著派明山並著蔣攸銛派
總兵一員帶領兵役接護等因咨行到粤臣等伏
查暎咭唎國夷俗本不諳跪叩之禮其行禮時
僅係去帽點首或以手加額即為恭敬儀節惟
貢使囉吽啊咲吐噫等既經該國王敬遣入
貢並荷
特派大臣率令演習跪叩禮文乃該貢使等已至宫
門忽俱患病不能成禮誠如
聖諭竟係無福承受

五九一　兩廣總督蔣攸銛奏折　英貢船抵粵遵旨核辦（嘉慶二十一年八月初一日）

天朝恩賚獲蒙
聖主如天之德不加嚴譴並
勅伴送赴粵乘坐原船回國仰見
天威震懾之中仍寓懷柔體恤之意臣等循環跪誦
欽服難名現在據報該國貢船一隻及護送貢
船之兵船二隻駛回粵洋其兵船應照定例停
泊雞頸外洋不許甚是駛近內洋各海口岸其貢船
即係貨船現飭委員確查如係裝載貢物原船
即撥引水並遴委水師將備將該船押赴內洋

五九一　兩廣總督蔣攸銛奏折
英貢船抵粤遵旨核辦
（嘉慶二十一年八月初一日）

停泊謹遵
諭旨飭令安靜守候貢使到粤乘坐回國查該國貨船向係灣泊黃埔該國經理貿易夷商向係賃居澳門該二處口岸各國夷商錯雜現到貢船未便令其停泊以免别滋事端從前乾隆五十八年貢船抵粤灣泊蠔墩内洋該處與黃埔澳門均不毗連此次由津駛回之貢船俱可仿照成案辦理並派文武員弁多帶巡船彈壓巡邏不准一人登岸及與外人私相交接以杜勾串

五九一　兩廣總督蔣攸銛奏折

英貢船抵粵遵旨核辦

(嘉慶二十一年八月初一日)

之弊一俟貢使有抵粵信息即飭臬司明山會
同南韶連總兵何君佐馳赴交界處所督帶兵
役接護到省諭令該貢使等迅速乘坐原船回
國不使藉詞逗遛至附近省垣之虎門海口為
各國夷船出入要隘其香山新安等縣所屬洋
面島嶼紛歧而澳門為西洋人聚處之所誠恐
該暎咭唎國夷情狡詐或私行往來或乘間登
岸不可不防其漸臣等現已酌調舟師扼要防
守分頭梭巡其沿口礮臺亦各酌添弁兵留心

瞭探務使旗械一律明淬並不時演放鎗礮以
壯聲威該嘆咭唎國夷人在粵貿易多年藉資
生計懷
德畏
威斷不至有搶掠情事倘竟不遵約束臣等當遵
旨痛加懲創不敢稍有姑息以仰副
聖主垂廑海疆有備無患之至意臣等謹合詞恭摺
由驛覆
奏伏乞
皇上睿鑒訓示謹

五九一　兩廣總督蔣攸銛奏折　英貢船抵粤遵旨核辦
（嘉慶二十一年八月初一日）

奏

懷遠以德仍按舊例賜宴遣歸爲正辦使臣
無大罪咎皆庸臣和世太一人之咎殊深憤懣

嘉慶二十一年八月　初一　日

五九二　兩廣總督蔣攸銛奏折

籌辦遣回英使并請飭諭英國國王
(嘉慶二十一年八月初一日)

兩廣總督臣蔣攸銛跪

奏為遵

旨查辦酌議恭摺密陳仰祈

聖訓事本年七月二十七日准軍機大臣字寄七月

初八日欽奉

上諭此次暎咭唎貢使到京瞻覲時正副使臣俱患
病不能行禮業已降旨即日遣回令廣惠伴送赴
粵前有旨令蔣攸銛等將該貢使原船覊留計彼
時該國原貢船自已早抵澳門該使臣到粵後蔣

五九二　兩廣總督蔣攸銛奏折　籌辦遣回英使并請飭諭英國國王（嘉慶二十一年八月初一日）

攸銛仍遵照前旨令臬司明山同派出之總兵沿途照料彈壓令其安靜下船所有頒給該國王敕諭一道隨後由驛發往該督接收暫存俟該使臣等到日即交令恭齎回國至該副使哃嘡嗹久住澳門通曉内地語言人本譎詐此次該使臣等反覆狡猾料必係伊從中播弄哃嘡嗹到粤時即飭令同該正使等一并回國勿許逗遛伊若請於回國後仍來澳門充當大班亦嚴詞飭禁斷不許其再來並諭知各洋行勿許私自容留違者治罪再粤海關徵收税課舊通貿易各國每年共約收税

五九二　兩廣總督蔣攸銛奏折

籌辦遣回英使并請飭諭英國國王
（嘉慶二十一年八月初一日）

銀若干兩暎咭唎一國每年計約收稅銀若干兩
如將暎咭唎國停止貿易是否可行著該督詳細
查明酌議具奏欽此仰見
睿慮周詳無微不至奴才跪誦之下欽服彌深查粵洋
現已駛回該國貢船一隻護送貢船之兵船二
隻業經奴才會同撫臣董教增將辦理防範情形
另摺具
奏並由奴才派委南韶連鎮總兵何君佐一俟貢使
將次抵粵即飭會同
欽派之臬司明山馳往交界處所接護來省計該貢

使等由山東江蘇安徽江西水陸路行走總須
九十月間始能抵粤其貢船不過八月間定可
到齊彼時貢使至省即可催令乘坐原船由虎
門出口回國不使逗遛所有
頒給該國王
敕諭恭候
頒到敬謹存貯俟貢使到日交給恭齎回國至副貢
使嗎嚐㖨在粤貿易年久通曉内地語言非正
貢使等初到内地者可比乃亦拘於夷俗不能
行禮自應謹遵

五九二　兩廣總督蔣攸銛奏折

籌辦遣回英使并請飭諭英國國王

（嘉慶二十一年八月初一日）

諭旨飭令偕同該正使等一併回國並不許其再來
澳門充當大班並諭知洋行商人勿許私自容
留違者重治其罪再查粵海關徵收夷商稅課
舊通貿易者有大西洋咪唎嘡荷蘭呂宋等國
及該嘆咭唎國每年統計約收稅銀一百二三
十萬兩嘆咭唎一國約收稅銀九十餘萬兩實
居各國稅銀十之七八在
天朝國帑充盈原不在此區區數十萬兩之稅而該
國習與水居每年所到之祖家船係載運國王

五九二　兩廣總督蔣攸銛奏折
籌辦遣回英使并請飭諭英國國王
（嘉慶二十一年八月初一日）

貿易之貨港脚船係載運國人貿易之貨是暎咭唎舉國君民專藉與内地貿易為生若粤東省遽行停其貿易誠恐該國貨船既兩次經歷中華海道或冒充各處夷商與沿海奸民私相買賣轉難稽核而别國貨船載回茶葉等物難保無攔截搶奪之事倘别滋事端竟需堵剿我
皇上懷柔萬邦於外藩各國厚往薄來原不過示以羈縻遽勞兵力殊屬不值且暎咭唎地處極西與俄羅斯相近其人貪狡多疑較之越南暹羅各國秉奉正朔稍知禮義者不同此次該國貢

使愚妄無知尚非該國王所能逆料可否
勅諭該國王以遣使不慎殊失敬事之誠是以不收
表貢並當停止貿易姑念其咎究在使臣非該
國王意料所及且羽呢鐘表中國儘可不用茶
葉絲斤該國在所必需
皇上怙冒如天不欲以一二人獲咎累及通國姑准
照常貿易此係
格外恩施嗣後該國王務宜慎選誠實可靠之人來
粵經理貿易事件如呞噹哰等愚昧狡猾斷不

五九二　兩廣總督蔣攸銛奏折

籌辦遣回英使并請飭諭英國國王
（嘉慶二十一年八月初一日）

許復行來粵至該國距京遥遠無須跋涉貢獻
即或必須進獻表文當查照乾隆六十年嘉慶
十三年成案由廣東代爲呈進不得徑赴天津
倘不恪守章程或任聽無知夷人來粵貿易有
違
天朝制度不特不准貢獻並即停止貿易如此明白
曉諭該國王自必感激
聖恩益深敬畏而於防邊裕課之道兩有裨益芻管
窺之見是否有當謹將遵
旨查辦酌議緣由恭摺附驛密

奏伏乞

皇上睿鑒訓示謹

奏

即有旨

嘉慶二十一年八月　初一　日

五九三　兩廣總督蔣攸銛奉上諭

英使至粵仍照例筵宴遣回其副使并天津口岸不准該國船隻停泊（嘉慶二十一年八月初六日）

硃

軍機大臣　字寄

兩廣總督蔣　廣東巡撫董　嘉慶二十一年

八月初六日奉

上諭蔣攸銛等奏詳查暎咭唎國入貢情形一摺

朕覽奏甚為欣悅該督等於數千里外所論事

理與朕前後飭辦情形無一不相符合實能深知

朕心遇事能見其大可嘉之至現在暎咭唎貢使

已由內地回粵該督即遵前旨派員接護示以整〔不必問及〕

〔京中之事若有干求總以正言杜絕不可姑息〕

肅仍照例筵宴一次令其乘坐原船回國並諭知

該正使以㖧嘈嗹既在粵充當大班即不應派充

五九三　兩廣總督蔣攸銛奉上諭英使至粤仍照例筵宴遣回其副使并天津口岸不准該國船隻停泊（嘉慶二十一年八月初六日）

硃　硃　硃

副貢使本係爾國錯悮呞嚐唻此次既已承充貢
使則不應復令留粤即令該正使帶回本國永遠不准
再來嶴門至啵咟等五人該督查明如係夷人令
該貢使等一併帶回若係內地商人即分別遠處安置
此後他處不許仍在嶴門居住並諭知該使臣等現在
天津口岸已奉天皇帝諭旨不許爾國船隻再至
該處收泊如有違禁到彼者該處官吏必立即驅
逐不准登岸爾國船隻總應照向例在粤洋收口
以遵定制將該貢使等禮遣回國如一二年後該
國王復遣使來貢該督摠遵昨降諭旨將表貢據

五九三　兩廣總督蔣攸銛奉上諭

英使至粤仍照例筵宴遣回其副使并天津口岸不准該國船隻停泊（嘉慶二十一年八月初六日）

情轉奏由粤送京領賞之件亦由京發往其貢使
令其在粤守候由彼筵宴遣回毋庸令其復來京
師至貿易一事此時且勿與言及該督仍遵前旨
將粤海關稅課額數情形詳細查明是否停止嘆
咭唎一國貿易不至大有窒礙據實密奏候朕訪
遵將此諭令知之欽此遵
旨寄信前來

五九四　兩廣總督蔣攸銛奏折

英貢船到粵俟貢使到後照料起程

(嘉慶二十一年八月二十二日)

兩廣總督臣蔣攸銛
廣東巡撫臣董教增跪

奏爲欽奉

諭旨恭摺覆奏仰祈

聖鑒事竊照暎咭唎國貢船一隻護貢兵船二隻由

天津駛抵粵洋及暎咭唎一國貨船每年納税

若干各緣由業經臣等分摺由驛陳

奏茲於八月初五日承准軍機大臣字寄嘉慶二

十一年七月十五日奉

上諭此次暎咭唎國貢使到天津時謝筵不遵禮節

五九四　兩廣總督蔣攸銛奏折

英貢船到粤俟貢使到後照料起程
(嘉慶二十一年八月二十二日)

至通州已稱叩跪必能如儀迨至御園朕將次陞
殿正副使臣俱托病不能瞻覲是以降旨即日遣
回但念該使臣雖有失禮之愆該國王萬里重洋
奉表納貢其意至為恭順未便絶之已甚轉失字
小之意因將該國王貢品内擇其至輕微者地理
圖四張畫像二張銅板印畫九十五張加恩賞收
仍賞給該國王白玉如意一枝翡翠玉朝珠一盤
大荷包二對小荷包八箇交該貢使領賫回國以
示厚往薄來之意該貢使等領到賞件極為欣感

五九四　兩廣總督蔣攸銛奏折

英貢船到粤俟貢使到後照料起程
（嘉慶二十一年八月二十二日）

亦頗形悔懼現已自通州啓行俟到粤後着蔣攸
銛等仍照例給與筵宴一次並善為撫慰諭以爾
等福分淺薄已至宫門不能瞻仰天顔大皇帝憐
念爾國王慕化輸誠仍酌收貢件並賞爾國王貴
重品物爾等應感激天恩迅速回國俾爾國王敬
悉恩意其未收貢件均妥為照料上船勿令損失
倘曉諭之後該貢使等復將未收貢件懇乞賞收
總以業經奉有明旨不敢瀆請正言拒絶至該國
表文未經進呈有無祈請事件無從知悉倘該貢
使將其祈請之事求該督等代奏即諭以爾等並

五九四 兩廣總督蔣攸銛奏折
英貢船到粤俟貢使到後照料起程
(嘉慶二十一年八月二十二日)

未瞻覲大皇帝爾國所請之事我等斷不敢奏嚴
詞斥駁該督等仍一面將其所求何事容行奏聞
若該貢使等無所乞請亦不必導之使言也其副
使呞嚧㖦前在澳門充當大班最為狡譎此次到
粤即令與正貢使等一同回國不許逗留回國後
亦不准其再來該國使臣此次未能成禮而還倘
一二年後該國王又遣人奉表謝罪納貢著該督
等存記届時據情先將表文貢單馳奏其貢使留
於粤省暫住俟有旨將其貢物賞收即將頒賞之
件發往粤東由彼交來使祇領禮遣回國總不可

五九四　兩廣總督蔣攸銛奏折

英貢船到粤俟貢使到後照料起程
（嘉慶二十一年八月二十二日）

令其再來京師以省煩瀆再粤海關徵收税課嘆
咭唎一國每年約收其税銀若干可否停其貿易
著該督等遵照前旨確查妥議迅速覆奏欽此又
於八月十八日准軍機處知會
頒發
勅諭嘆咭唎國王
詔旨一道敬謹捧誦仰見
聖主撫馭遠夷權衡悉當臣等不勝欽服之至除將
頒到勅諭謹封存貯俟該國貢使抵粤轉交恭賚回
國外其粤海關徵收嘆咭唎國貨税每年約收

五九四　兩廣總督蔣攸銛奏折

英貢船到粵俟貢使到後照料起程
（嘉慶二十一年八月二十二日）

銀九十餘萬兩該國君民專藉與內地貿易為
生目前情形似未便遽停貿易業經臣攸銛查
明酌議恭摺密陳
睿鑒在案該國貢船五隻前於七月二十二二十四
等日有貢船一隻護貢兵船二隻由天津駛回
粵洋現在貢船進泊蠔墪內洋兵船照例停泊
外洋在船夷人俱極安靜守法其貢船一隻該
國代辦大班哯咖啲稟請裝載茶葉已飭令俟
奉到
諭旨遵行尚有未到二船係與現到三船同日在天

五九四　兩廣總督蔣攸銛奏折

英貢船到粤俟貢使到後照料起程
(嘉慶二十一年八月二十二日)

津開駛現船到粤已經一月未到之船是否因
風漂泊他省臣等已飛咨江浙等省一體查探
催令迅駛來粤候載貢使歸國約計貢使行程
總須九十月間始能抵粤彼時原貢船隻自已
到齊或有未到之船該國在粤貿易船隻甚多
儘可分載回國不使藉詞逗留一俟貢使到粤
臣等當謹遵
諭旨照例給與筵宴善為撫慰並宣布
聖主恩威使之知感知懼所有未收貢件妥為照料

五九四　兩廣總督蔣攸銛奏折

英貢船到粵俟貢使到後照料起程
(嘉慶二十一年八月二十二日)

上船勿令損失該貢使如將未收貢件懇請代
奏賞收自當正言拒絕或別有祈請尤當嚴詞斥
駁一面將所求何事密行奏
聞一面將
勅諭轉給該貢使收領恭齎回國其副使哃嚕嗹即
令一同回國不許復行來澳充當大班倘一二
年後該國王又遣使奉表謝罪納貢臣等屆時
當先將表文貢單馳
奏其貢使留於粵省暫住恭俟奉到
諭旨即將使臣由粵禮遣回國俾免跋涉而省煩瀆

五九四　兩廣總督蔣攸銛奏折

英貢船到粤俟貢使到後照料起程
(嘉慶二十一年八月二十二日)

再該國貢船曾兩次徑由彼國駛赴天津誠恐
將來復萌故智可否
敕下沿海各督撫臣存記如有㕨咭唎國船隻駛至
諭以該國在粤貿易應照例駛回粤東由粤辦
理以仰副
皇上懷柔遠人慎重邊防之至意臣等謹合詞恭摺
由驛覆
奏伏乞
皇上睿鑒訓示謹

五九四　兩廣總督蔣攸銛奏折

英貢船到粵俟貢使到後照料起程
（嘉慶二十一年八月二十二日）

奏

另有旨

嘉慶二十一年八月二十二日

五九五　兩廣總督蔣攸銛奉上諭

英貢使抵粵當以禮遣歸并撤飭該國王嗣後貿易須在指定地點選誠實之人經理(嘉慶二十一年八月二十五日)

軍機大臣　字寄

兩廣總督蔣　嘉慶二十一年八月二十五日奉

上諭蔣攸銛等奏英咭唎貢船駛抵粵洋遵旨核辦

一摺英咭唎夷人向不習中國跪叩禮儀朕預行

計及是以於該貢使到津後兩次派員前往察看

情形如實不能跪叩原令不必來京納其貢獻賞

賚遣回於詞喜順乃蘇楞額和世泰俱不敢遵辦

理將該貢使連夜帶至宮門和世泰又不以實奏

以致不能成禮該貢使之咎本輕至該國王於數

萬里外輸誠納貢極為恭順其使臣不能恪恭將

命非其國王所能逆料是以仍擇其貢物之輕者

五九五　兩廣總督蔣攸銛奉上諭

英貢使抵粵當以禮遣歸并檄飭該國王嗣後貿易須在指定地點選誠實之人經理（嘉慶二十一年八月二十五日）

賞收數件頒予珍品以示厚往薄來之意此次該
貢使抵粵後該督接見時具在京失禮之處不必
一語提及仍照乾隆五十八年之例給予筵宴並
不必強其跪叩謝宴其兌換回國之茶絲等物仍
照向例免稅懷遠以德總當以禮遣歸方為正辦
至該督另摺覆奏酌議貿易一事所見甚是頒賜
該國王勅諭昨已由驛發交該督轉交該使臣賫
回此時未便再與勅諭著該督即以己意檄諭該
國王以貴國王遠慕天朝聲教遣使來庭大皇帝
深爲嘉悅惟所遣使臣不能恪恭將事以致不能
成禮此使臣等無福承受天朝寵賚大皇帝既不

五九五　兩廣總督蔣攸銛奉上諭

英貢使抵粤當以禮遣歸并檄飭該國王嗣後貿易須在指定地點選誠實之人經理(嘉慶二十一年八月二十五日)

召見使臣即不使納收表貢然猶念貴國王遠隔
重洋使臣失禮非貴國王意料所及仍擇收貢物
數件優賜珍品以示懷柔此乃大皇帝高厚鴻恩
貴國王當如欽感至使臣等既有失禮之咎本應
示以罰懲停止爾國貿易大皇帝仍念爾國貨船
來粤貿易有年若遽行飭停恐爾國缺少茶葉絲
觔難於生計大皇帝不肯以一二人之咎罰及舉
國仍播仁恩准通貿易惟是外藩屬國凡來中國
貿易進貢者俱有一定處所如俄羅斯在恰克圖
琉球在福建暹羅在廣東越南在廣西南掌緬甸
在雲南若非例定處所概行拒絕爾國向在黄埔

五九五　兩廣總督蔣攸銛奉上諭　英貢使抵粤當以禮遣歸并檄飭該國王嗣後貿易須在指定地點選誠實之人經理（嘉慶二十一年八月二十五日）

貿易乾隆六十年嘉慶十三年爾國來貢亦俱在
粤東收泊嗣後爾國貿易船隻總遵照定例前來
粤東不准駛至他省即再來進貢亦應至粤門報
明廣東督撫轉奏候旨若徑赴天津該處文武官
員恪遵諭旨斷不敢令爾國貢船收泊仍必駁回
廣東豈非徒勞跋涉其爾國遣來粤東經理貿易
事件亦必慎選誠實之人方可任用如司當㖦之
狡猾愚昧不知禮體者斷不可令其復來粤省責
國王務當恪守章程勿稍違越以上各情節該督
查照與該國向來檄文成式飭知遵照庶該國王
備知此事原委亦必知感知畏也將此諭令知之

欽此遵

旨寄信前來

五九五　兩廣總督蔣攸銛奉上諭英貢使抵粤當以禮遣歸并檄飭該國王嗣後貿易須在指定地點選誠實之人經理(嘉慶二十一年八月二十五日)

五九六 粤海關監督祥紹奏折

報告經征關税一年期滿税銀數目
(嘉慶二十一年十二月二十日)

奴才祥紹跪

奏爲恭報經征關税一年期滿數目仰祈
聖鑒事竊照粤海關征收正雜銀兩向例一年期滿
先將總數
奏明俟查核支銷確數另行恭疏具
題並分款造册委員解部歷年遵照辦理又嘉慶
四年五月承准户部劄行奉
上諭向來各關征税於正額之外將盈餘一項比較
上三届征收最多年分如有不敷即着經征之員

五九六　粵海關監督祥紹奏折

報告經征關税一年期滿税銀數目
(嘉慶二十一年十二月二十日)

賠補以致司榷各員藉端苛歛而賠繳之項仍未
能如數完交徒屬有名無實因思各關情形不同
所有盈餘數目自應酌中定制以歸核實而示體
恤已於户部所奏各關盈餘銀數清单内經朕查
照往年加多之數分别核减自此次定額之後倘
各關每年盈餘於新定之數再有短少即行着落
賠補如於定數或有多餘亦即儘收儘解其三年
比較之例着永行停止並奉
欽定粵海關盈餘銀八十五萬五千五百兩欽此欽

五九六 粤海關監督祥紹奏折 報告經征關税一年期滿税銀數目(嘉慶二十一年十二月二十日)

遵各在案兹努經征戊寅年分關税自嘉慶二十年十二月二十六日起連閏至二十一年十一月二十五日止一年期滿大關各口共征銀一百四十四萬六千九百七十九兩九錢六分五厘核與

欽定盈餘銀數計溢收銀五十九萬一千四百七十九兩零除將到關船隻及貨物粗細分別造具清册送部核對外所有經征關税一年期滿數目理合恭摺具

五九六　粵海關監督祥紹奏折

報告經征關稅一年期滿稅銀數目
（嘉慶二十一年十二月二十日）

奏伏乞

皇上睿鑒謹

奏

户部知道

嘉慶二十一年十二月　二十　日

五九七 兩廣總督蔣攸銛奉上諭著曉諭各夷商嚴禁私帶鴉片（嘉慶二十二年六月二十八日）

軍機大臣 字寄

兩廣總督蔣 嘉慶二十二年六月二十八日奉

上諭蔣攸銛奏拏獲詐搶咪唎㗎夷船匪犯李奉廣

等分別斬決梟示並另片奏將嘆咃夷人量加賞

卹等語此案咪唎㗎國嘆咃夷船在香山外洋停

泊奸民李奉廣等詐搶綑毆傷夷人五命該督將李

奉廣等拏獲恭請王命分別斬梟並傳齊該國在

粵夷商環視行刑俾知天朝法度森嚴於強劫盜

犯立獲正法咸知畏服所辦甚是至將嘆咃夷人

量加賞卹一節則辦理錯誤嘆咃夷船如係裝載

該國貨物運赴粵省銷售被內地奸民搶劫毆傷

五九七　兩廣總督蔣攸銛奉上諭著曉諭各夷商嚴禁私帶鴉片

（嘉慶二十二年六月二十八日）

除將匪犯正法外自應優加賞邮以示懷柔兹該夷人所帶鴉片烟坭係例禁之物如該夷人私運入口即應按律治罪今因其横被刦奪戕害教令不斷究治已屬邀施何得再加賞邮著蔣攸銛即通行曉示各夷商以鴉片烟坭產自外夷不准私入内地天朝例禁綦嚴此次噢咃夷船私販烟坭因其未經進口又遭刦掠是以祗將烟坭燒燬免其治罪嗣後各夷船倘再有私帶鴉片烟坭者進口之日兵役等照例嚴搜一經搜出除將烟坭焚燬沉溺外必將私販之人從重治罪決不寬貸如此嚴切曉諭先令各夷商一體周知共知儆懼將來有犯必懲

欽

更不能諉詞未悉例禁也將此諭令知之欽此遵
旨寄信前來

五九八　粤海關監督祥紹奏折
報告接收關税銀數盤核清楚
(嘉慶二十二年八月十九日)

奴才祥紹跪

奏爲恭報接收交代關税銀數盤核清楚仰祈

聖鑒事。竊奴才奉

旨回任粤海關監督，業將到任接印日期恭疏

題報，並繕摺叩謝

天恩在案。兹查督臣蔣攸銛移交關庫存貯各款銀

兩内，戊寅年分關税自嘉慶二十年十二月二

十六日起，連閏至二十一年十一月二十五日

止，一年期内征齊存庫解京銀兩，業經督臣蔣

五九八　粤海關監督祥紹奏折
報告接收關税銀數盤核清楚
（嘉慶二十二年八月十九日）

攸銛兼署關務任内將收支存解數目
奏明於本年六月二十等日委員分批起解除起
解過正羨銀三十萬兩實尚存庫正羨雜羨併
飯食水脚平餘叁價等各欵銀一百二十二萬
一千五十七兩三錢八分七厘又已夘年分關
税管理任内自嘉慶二十一年十一月二十
六日起至二十二年二月初八日止計兩個月
零十三日大關各口共征銀二十萬九千六百
八十九兩三錢九分九厘督臣蔣攸銛兼署任

五九八 粤海關監督祥紹奏折

報告接收關税銀數盤核清楚
(嘉慶二十二年八月十九日)

内自二月初九日起至七月初五日止計四個月零二十七日大關各口共征銀一十四萬一千四百五十九兩七分八厘二共征銀三十五萬一千一百四十八兩四錢七分七厘内除支銷通關經費及各口已征未解銀一萬八千八十四兩三錢二分二厘洋商未完進口夷税銀一十八萬六千二百四十二兩一錢三分一厘實存庫銀一十四萬六千八百二十二兩二分四厘另存平餘銀一萬一千七百七十三兩七

五九八　粵海關監督祥紹奏折

報告接收關税銀數盤核清楚（嘉慶二十二年八月十九日）

錢三分絲俱按欵查明逐封彈兑接收清楚其
洋商未完進口夷税銀兩並准文有洋商認狀
存據係前監督李質穎
奏明統於滿關後六個月内征齊起解經部議准
應仍遵照舊定章程辦理絲回任接篆後除將
戊寅年分征存各欵銀兩按批接續起解歸於
該年
奏銷案内將征解税銀數目另行具
題所有絲接收關税銀數盤核清楚緣由循例恭

疏
題報外理合繕摺具
奏伏乞
皇上睿鑒謹
奏
該部知道
嘉慶二十二年八月　十九　日

五九九　粵海關監督祥紹奏折

報告經征關稅一年期滿稅銀數目
（嘉慶二十二年十二月十九日）

奴才祥紹跪

奏為恭報經征關稅一年期滿數目仰祈

聖鑒事竊照粵海關征收正雜銀兩向例一年期滿

先將總數

奏明俟查核支銷確數另行恭疏具

題並分款造册委員解部歷年遵照辦理又嘉慶

四年五月承准戶部劄行奉

上諭向來各關征稅於正額之外將盈餘一項比較

上三屆征收最多年分如有不敷即着經征之員

賠補以致司榷各員藉端苛斂而賠繳之項仍未能如數完交徒屬有名無實因思各關情形不同所有盈餘數目自應酌中定制以歸核實而示體恤已於户部所奏各關盈餘銀數清单内經朕查照往年加多之數分别核減自此次定額之後倘各關每年盈餘於新定之數再有短少即行着落賠補如於定數或有多餘亦即儘收儘解其三年比較之例着永行停止並奉

欽定粤海關盈餘銀八十五萬五千五百兩欽此欽

五九九　粤海關監督祥紹奏折

報告經征關税一年期滿税銀數目

（嘉慶二十二年十二月十九日）

道在案兹瑹經征己夘年分關税自嘉慶二十一年十一月二十六日起至二十二年十一月二十五日止一年期滿大關各口共征銀一百四十二萬一千三百三兩七錢九分九厘核與

欽定盈餘銀數計溢收銀五十六萬五千八百三兩七錢有零除將到關船隻及貨物粗細分别造具清册送部核對外所有經征關税一年期滿數目理合恭摺具

奏伏乞

五九九　粤海關監督祥紹奏折

報告經征關税一年期滿税銀數目

(嘉慶二十二年十二月十九日)

皇上睿鑒謹

奏

户部知道

嘉慶二十二年十二月　十九　日

六〇〇　兩廣總督阮元奏折

防備英兵入侵須適時抗擊
(嘉慶二十三年四月初六日)

兩廣總督臣阮元跪

奏為凜遵

聖訓再行密陳暎咭唎情形仰祈

睿鑒事竊臣前次密奏預防暎咭唎事宜一摺欽奉

硃批總須德威相濟不可妄動慎之欽此又於攻擊

之舉必不得已而後用句奉

硃筆旁批不必存此念欽此臣跪誦之下仰見我

皇上恬冒為懷

睿慮深遠不勝悚服之至伏念該夷在粤貿易久受

六〇〇　兩廣總督阮元奏折　防備英兵入侵須適時抗擊（嘉慶二十三年四月初六日）

天朝厚恩且彼國所藉以圖利者惟此往來營運以
情事而論該夷若不安靜守分是自絶其謀生
之路彼雖至愚似不出此即或小有不馴臣遵
旨先停其開艙次斷其買辦及茶葉彼畏威懷德亦
必自行斂戢退避臣前奏所慮者原恐萬一如
十三年猝然佔踞澳門等事則不得不預爲籌
計謹將夷船進口事例及由外洋至省城經由
道里情形再爲
聖主陳之查廣東省城切近海口距澳門外洋水程

三百餘里距虎門沙角水程一百餘里沙角以外為外洋虎門以内為内洋自虎門至黄埔皆係深水自黄埔至省城漸入淺水其間以沙角礮臺為第一重門戶鎮遠横檔礮臺為第二重門戶大虎礮臺為第三重門戶省東之獵德省西之大黄礮臺為第四重門戶再進為省城外東西礮臺係附郭之地西門外十三洋行即洋商與夷人交易處所定例夷人護貨兵船不准進入内洋即貨船由外洋而來非由洋商報明

六〇〇　兩廣總督阮元奏折

防備英兵入侵須適時抗擊
(嘉慶二十三年四月初六日)

監督監督批准令引水人引入亦不准擅自進
口來至黃埔是
天朝界限極爲嚴肅向建各處礮臺正爲預防偷越
擅渡之用若該夷兵船擅入第一二重礮臺即
是有心故犯禁令其不馴情形人所共見且入
内洋後不足一日即達省城除東西礮臺外更
無扼要攔截之處省城商賈輻輳士民稠密不
待該夷近岸已自内外惶惑臣前奏所謂萬一
者正係謂此查得十三年該夷佔踞澳門夷兵

大船直至黄埔黄埔以上水淺彼又用小船數
十隻載夷人欲逕入城西十三行内駐劄不但
黄埔民人戒嚴遷避即城外商民無不驚徙吴
熊光辦理遲弱直待小船入省之時始派官在
東礮臺放礮毁其一船斃一人傷三人該夷始
不敢復入先在十三行者亦退出黄埔以上情
形曾經前督臣百齡於十四年四月内奏陳
聖鑒是該夷畏懼開礮已有明証倘任其揚帆直入
如入無人之境無論

六〇〇 兩廣總督阮元奏折

防備英兵入侵須適時抗擊

(嘉慶二十三年四月初六日)

國體攸繫不能聽該夷出入自由即臣職專守土亦
何敢坐視不辦至
聖諭我兵未必甚壯一節臣深知南方柔軟誠須慎
重不可啟彼之心惟隨地詢訪僉稱嘆夷懼强
欺弱長於水短於陸强於外洋弱於內洋汪洋
巨海之中船堅礮大橫行無忌內地船礮固不
敵即敵亦不值與之相角惟違禁進入礮臺之
內則以石臺之礮攻木板之船足使彼望而生
怯若再進至淺水又再進登陸地其勢如魚困

轍一步窘於一步內地一人之力足以制彼數
人然臣所擬礮臺開礮猶不待其深入而預扼
之者非但為進口有犯禁令近岸驚駭聽聞之
故亦恐近岸一經接擊夷人必多傷損雖該夷
孽由自作而臣仰體
聖意終不敢有失
天朝柔遠之恩故擬以開礮恐嚇之開礮之意專在
擊船不在擊人船若有損人自退散勢强理足
正所以及早懲創及早保全不使彼陷於不能

六〇〇　兩廣總督阮元奏折　防備英兵入侵須適時抗擊（嘉慶二十三年四月初六日）

自救之地益勢强則彼不敢輕犯理足則彼不
敢藉口各國夷商皆知彼犯違我禁非我輕啟
彼釁臣前摺於所擬攻擊之處未能將内外洋
地面聲叙明晰致煩
聖廑奉有不必存此心之
諭實切惶悚但臣既奉
聖訓若彼時仍行開礮則是有違
批諭臣萬萬不敢若恃有原奉
硃批自為站脚即不隨時相機辦理臣更不復稍有

人心臣再四思維惶悚益切故敢密摺再請
恩訓以上係萬不至如此之事臣所言亦係必不得
已之計將來夷船次第抵粤臣惟有欽遵
諭旨仰體
柔懷德意妥為鎮撫如小有不遵約束即先剴切宣
諭使彼懍然於
天朝寬大之量懾然於
皇上德威之全令彼一切覬覦之心廢然自返期與
沿海商賈百姓永享

六〇〇　兩廣總督阮元奏折
防備英兵入侵須適時抗擊
（嘉慶二十三年四月初六日）

太平無事之福總之不至十分逼近斷不敢輕舉
妄動孟浪憤事臣謹密摺具
奏並具圖說分别内外洋地面敬呈
御覽伏乞
皇上睿鑒謹
奏
另有旨

嘉慶二十三年四月　初六　日

六〇一　內閣奉上諭

著查收粵東洋鹽各商捐銀并咨部議叙

（嘉慶二十三年五月二十九日）

嘉慶二十三年五月二十九日內閣奉

上諭阮元等奏粵東洋商懇請公捐銀三十萬兩鹽

商懇請公捐銀二十萬兩以備慶典賞需等語明

年朕六旬壽辰業經降旨並不舉行慶典繁儀一

切賞需較之十四年亦加增無多但念該商等輸

誠報効情詞懇切所有洋商等捐銀三十萬兩著

賞收二十萬兩鹽商等捐銀二十萬兩著賞收一

十萬兩仍分兩年解交內務府備用其餘銀兩著

即發還並著阮元等查明該商等姓名咨部給予

議叙欽此

六〇二 粤海關監督祥紹奏折

報解關税盈餘銀兩數目

(嘉慶二十三年六月十五日)

奴才祥紹跪

奏爲恭報起解關税盈餘銀兩數目仰祈

聖鑒事竊照粤海關每年起解正雜銀兩例應分款

具摺

奏報兹查已卯年分關税奴才管理任内自嘉慶二

十一年十一月二十六日起至二十二年二月

初八日止計兩個月零十三日大關各口共征

銀二十二萬三千一百三十三兩三錢九分四

厘兩廣督臣蔣攸銛兼署任内自二月初九日

起至七月初五日止計四個月零二十七日大

關各口共征銀一十五萬二千六百一十五兩
一錢二分八厘。奴才回粵任内自七月初六日起
至十一月二十五日止計四個月零二十日，大
關各口共征銀一百四萬五千五百五十五兩
二錢七分七厘，統計一年期滿共征銀一百四
十二萬一千三百三兩七錢九分九厘。於上年
關期報滿時將征收總數恭摺
奏明在案。兹當委員起解，應將收支實數分晰造
報。查己卯年分共征銀一百四十二萬一千三
百三兩七錢九分九厘，内咃哂夷船被火焚燒

六〇二　粵海關監督祥紹奏折

報解關稅盈餘銀兩數目

(嘉慶二十三年六月十五日)

該夷求免全船鈔規等銀及焚餘貨稅經奴才會
同兩廣督臣蔣攸銛恭摺
奏請欽奉
上諭蔣攸銛等奏夷船被焚籲懇免稅一摺暎咭唎
國哋哂夷船被焚船內貨物全行燒燬除已征稅
銀外其應征全船鈔規等銀及焚餘貨稅均著加
恩寬免欽此除欽遵
恩旨寬免該夷全船鈔規等銀三千三百六十兩七
錢一分七厘外實共征銀一百四十一萬七千
九百四十三兩八分二厘內正項盈餘銀八十

萬一千五百九十兩六錢五分三厘除循例支
出正項銀四萬兩銅斤水脚銀三千五百六十
四兩移交藩庫取有庫收送部查核尚存正羨
銀七十五萬八千二十六兩六錢五分三厘又
雜羨盈餘銀六十一萬六千三百五十二兩四
錢二分九厘除支出通關經費養廉工食及鎔
銷折耗等銀四萬四千五百八十二兩四錢二
分二厘又支出鮮交造辦處裁存備貢銀五萬
五千兩又支出動支報解水脚銀四萬五千三
百一十三兩一錢一分部飯食銀三萬五千五

六〇二　粤海關監督祥紹奏折
報解關稅盈餘銀兩數目
(嘉慶二十三年六月十五日)

百七十九兩五錢七分二厘尚存雜羨銀四十
三萬五千八百七十七兩三錢二分五厘共存
解部正雜盈餘銀一百一十九萬三千九百三
兩九錢七分八厘動支報解水脚銀四萬五千
三百一十三兩一錢一分部飯食銀三萬五千
五百七十九兩五錢七分二厘又應解造辦處
裁存備貢銀五萬五千兩又另款洋商備辦
貢銀五萬五千兩又另解平餘罰料截曠等銀
三萬二千九百七十七兩八錢二分八厘查此
項平餘等銀係遵照户部

六〇二 粤海關監督祥紹奏折

報解關税盈餘銀兩數目

(嘉慶二十三年六月十五日)

奏准於奏銷盈餘摺内按數剔除入於本案報銷

不歸併盈餘項下合併聲明除循例恭疏

題報並按款備具文批於嘉慶二十三年六月二

十等日委員分批解赴户部造辦處分别交納

外謹將己卯年分關税收支存解數目繕摺具

奏伏乞

皇上睿鑒謹

奏

知道了

嘉慶二十三年六月　十五　日

六〇三　粵海關監督阿爾邦阿奏折

接收關稅銀數盤核清楚

（嘉慶二十三年八月二十一日）

奴才阿爾邦阿跪

奏為恭報接收交代關稅銀數盤核清楚仰祈

聖鑒事竊奴才荷蒙

恩命調任粵海關監督業將到任接印日期恭疏

題報並繕摺叩謝

天恩在案茲查前監督祥紹移交關庫存貯各款銀兩內已卯年分關稅自嘉慶二十一年十一月二十六日起至二十二年十一月二十五日止一年期內徵齊存庫解京銀兩業經前監督祥紹將收支存解數目

六〇三 粤海關監督阿爾邦阿奏折

接收關税銀數盤核清楚

(嘉慶二十三年八月二十一日)

奏明於本年六月二十等日委員按批起解除起
解過正羨銀五十五萬兩實尚存庫正羨雜羨
併飯食水脚平餘叅價等各款銀九十七萬一
千二百九十四兩四錢八分八釐又庚辰年分
關税自嘉慶二十二年十一月二十六日起至
二十三年七月二十一日止計七個月零二十
六日大關各口共徵銀三十三萬三千一百一
十兩三錢八分五釐内除支銷通關經費及已
徵未解銀一萬五千八百四十六兩九錢一分
五釐洋商未完進口夷税銀一十八萬二千六

百九十四兩二錢九分三釐實存庫銀一十三萬四千五百六十九兩一錢七分七釐另存平餘罰料銀一千七百一十九兩三錢四分，奴才俱按款查明逐封彈兑接收清楚。其洋商未完進口夷税銀兩，現有洋商認狀存據，係前監督李質穎奏明統於滿關後六個月内徵齊起解，經部議准，應仍遵照舊定章程辦理。奴才接篆後，除將己卯年分徵存各款銀兩趕緊催齊委員按批接續起解歸於該年

六〇三　粤海關監督阿爾邦阿奏折　接收關税銀數盤核清楚（嘉慶二十三年八月二十一日）

奏銷案内將徵解税銀數目另行具
題所有𥙷接收關税銀數盤核清楚緣由循例恭
疏
題報外理合繕摺具
奏伏乞
皇上睿鑒謹
奏

户部知道

嘉慶二十三年八月二十一日

六〇四　粵海關監督阿爾邦阿奏折

報告經征關税一年期滿税銀數目
(嘉慶二十三年十二月十九日)

奴才阿爾邦阿跪
奏為恭報經征關税一年期滿數目仰祈
聖鑒事竊照粵海關征收正雜銀兩向例一年期滿
先將總數
奏明俟查核支銷確數另行恭疏具
題並分款造冊委員解部歷年遵照辦理又嘉慶
四年五月承准戶部劄行奉
上諭向來各關征税於正額之外將盈餘一項比較
上三届征收最多年分如有不敷即著經征之員
賠補以致司榷各員藉端苛斂而賠繳之項仍未

能如數完交徒屬有名無實因思各關情形不同
所有盈餘數目自應酌中定制以歸核實而示體
恤已於戶部所奏各關盈餘銀數清單內經朕查
照往年加多之數分別核減自此次定額之後倘
各關每年盈餘於新定之數再有短少即行著落
賠補如於定數或有多餘亦即儘收儘解其三年
比較之例著永行停止並奉
欽定粵海關盈餘銀八十五萬五千五百兩欽此欽
遵在案茲查庚辰年分關稅前監督祥紹管理
任內自嘉慶二十二年十一月二十六日起至

六〇四　粤海關監督阿爾邦阿奏折

報告經征關税一年期滿税銀數目
(嘉慶二十三年十二月十九日)

二十三年七月二十一日止計七個月零二十六日大關各口共征銀三十六萬二千四百四十二兩一錢一分九釐奴才接管任内自七月二十二日起至十一月二十五日止計四個月零四日大關各口共征銀九十四萬四百六十八兩八錢八分統計一年期内共征銀一百三十萬二千九百一十兩九錢九分九釐除征足

欽定盈餘銀數外計多收銀四十四萬七千四百一十兩零除將到關船隻及貨物粗細分别造具清册送部核對外所有經征關税一年期滿銀

數理合恭摺具
奏伏乞
皇上睿鑒謹
奏
户部知道
嘉慶二十三年十二月十九日

六〇五　粵海關監督阿爾邦阿奏折

報解關稅盈餘銀兩(嘉慶二十四年五月十八日)

奴才阿爾邦阿跪

奏爲恭報起解關稅盈餘銀兩仰祈

聖鑒事竊照粵海關每年起解正雜銀兩例應分款

具摺

奏報茲查庚辰年分關稅前監督祥紹管理任内

自嘉慶二十二年十一月二十六日起至二十

三年七月二十一日止計七個月零二十六日

大關各口共征銀三十六萬二千四百四十二

兩一錢一分九釐奴才接管任内自七月二十二

日起至十一月二十五日止計四個月零四日

大關各口共征銀九十四萬四百六十八兩八錢八分統計一年期內共征銀一百三十萬二千九百一十兩九錢九分九釐於上年關期報滿時將征收總數恭摺

奏明在案茲當委員起解應將收支實數分晰造報查庚辰年分共征銀一百三十萬二千九百一十兩九錢九分九釐內正項盈餘銀七十四萬七百一十兩二錢七分八釐除循例支出正項銀四萬兩銅觔水脚銀三千五百六十四兩移交藩庫取有庫收送部查核尚存正羨銀六

十九萬七千一百四十六兩二錢七分八釐又雜羡盈餘銀五十六萬二千二百兩七錢二分一釐除支出通關經費養廉工食及鎔銷折耗等銀四萬三千九百二十一兩五錢三分一釐又支出解交造辦處裁存備貢銀五萬五千兩又支出動支報解水脚銀四萬六百二十一兩八錢六分六釐部飯食銀三萬一千八百二十七兩四錢五分一釐尚存雜羡銀三十九萬八百二十九兩八錢七分三釐共存解部正雜盈餘銀一百八萬七千九百七十六兩一錢五分

一釐動支報解水脚銀四萬六百二十一兩八錢六分六釐部飯食銀三萬一千八百二十七兩四錢五分一釐又應解造辦處裁存備貢銀五萬五千兩又另款洋商備繳辦貢銀五萬五千兩又另解平餘罰料截曠等銀九千五百二十二兩一錢五分八釐查此項平餘等銀係遵照戶部

奏准於奏銷盈餘摺內按數剔除入於本案報銷不歸併盈餘項下合併聲明除循例恭疏

題報並按款備具文批於嘉慶二十四年五月二

六〇五　粤海關監督阿爾邦阿奏折

報解關税盈餘銀兩(嘉慶二十四年五月十八日)

十等日委員分批解赴戶部造辦處分别交納外謹將庚辰年分關税收支存解數目繕摺具

奏伏乞

皇上睿鑒謹

奏

戶部知道

嘉慶二十四年五月十八日

六〇六 兩廣總督阮元奉上諭

著嚴查粵東承辦戰船剋扣工料及海口私帶鴉片饋送海關等積弊(嘉慶二十四年十一月初十日)

軍機大臣 字寄

兩廣總督阮 嘉慶二十四年十一月初十日

奉

上諭本日御史黄大名條陳粵東積弊一摺據稱粵東有三合會名目即從前之添弟會拈黨呼羣多在廣州府屬之清遠從化韶州府屬之英德及廣西之梧州北流邊江百色等處且有入會之在官人役預為通信包庇擾害閭閻著該督隨地隨時留心察訪並飭屬認真緝拏從嚴懲辦以靖地方該御史又稱粵東承辦戰船員弁向有剋扣工料償銀成數之弊因此戰船不能堅固出洋弁兵益加膽怯嗣後該督於此等船隻務須親行查驗嚴禁剋扣有弊即參以期有備無患該御史又稱粵

六〇六 兩廣總督阮元奉上諭

著嚴查粵東承辦戰船剋扣工料及海口私帶鴉片餽送海關等積弊(嘉慶二十四年十一月初十日)

硃

省夷船帶來鴉片煙泥一至海口輒有餽送海關
監督家人銀兩每歲約一十餘萬或二三十萬不
等名曰私税鴉片流毒為害甚鉅而私税之風尤
(若有私税何關部何及前任得好必有入己之項不可目係)
不可長著該督嚴行查察如有前項情弊據實嚴
(常福之子斷存迴護)
參辦稍徇隱該御史又稱粵東向多停柩不葬溺
女不舉之家此等惡俗均為人心風俗之害該督
當通飭各州縣實力勸化出示嚴禁以挽頹風至
所稱粵東會試舉人應得水腳銀兩緣為藩司書
吏乱扣無餘又稱學政衙門有勒索新科舉人填
寫親供費用及勒取新進文童廩保等弊會試水腳銀
兩乃朝廷嘉惠士林德意如有蠹吏侵欺即行嚴
辦亦懲至親供規費新進門禮種種需索殊非體
恤寒畯之道並著該督確查如有此項陋規嚴行

六〇六　兩廣總督阮元奉上諭著嚴查粤東承辦戰船剋扣工料及海口私帶鴉片餽送海關等積弊(嘉慶二十四年十一月初十日)

飭禁倘該學政教官以及書吏人等陽奉陰違即
行嚴參究辦以杜積弊據御史奏原摺着鈔給閱看
將此諭令知之欽此遵
旨寄信前來

六〇七 粵海關監督阿爾邦阿奏折
報告關税一年期滿征收總數
（嘉慶二十四年十一月十五日）

奴才阿爾邦阿跪
奏為恭報關税一年期滿征收總數仰祈
聖鑒事竊照粵海關征收正雜銀兩向例一年期滿
先將總數
奏明俟查核支銷確數另行恭疏具
題並分款造冊委員解部歷年遵照辦理嘉慶四
年五月承准戶部劄行奉
上諭向來各關征税於正額之外將盈餘一項比較
上三屆征收最多年分如有不敷即著經征之員
賠補以致司榷各員藉端苛斂而賠繳之項仍未

六〇七 粤海關監督阿爾邦阿奏折

報告關税一年期滿征收總數

(嘉慶二十四年十一月十五日)

能如數完交徒屬有名無實因思各關情形不同

所有盈餘數目自應酌中定制以歸核實而示體

恤已於户部所奏各關盈餘銀數清單内經朕查

照往年加多之數分别核減自此次定額之後倘

各關每年盈餘於新定之數再有短少即行著落

賠補如於定數或有多餘亦即儘收儘解其三年

比較之例著永行停止並奉

欽定粤海關盈餘銀八十五萬五千五百兩欽此欽

遵在案兹查辛已年分關税自上年十一月二

十六日起連閏扣至本年十月二十五日止一

六〇七 粤海關監督阿爾邦阿奏折

報告關税一年期滿征收總數

(嘉慶二十四年十一月十五日)

年期滿大關各口共征收銀一百三十八萬九

十七兩八分八釐除征足

欽定盈餘銀數外計多收銀五十二萬四千五百九

十七兩八分八釐除將到關船隻及貨物粗細

分别造具清冊送部核對外所有關税一年期

滿征收總數理合恭摺具

奏伏乞

皇上睿鑒謹

奏

户部知道

嘉慶二十四年十一月十五日

六〇八　兩廣總督阮元奉上諭

著將歷年各商捐輸銀兩查明分别議叙或催交（嘉慶二十四年十二月十七日）

軍機大臣　字寄

兩廣總督　傳諭長蘆兩淮兩浙鹽政粤海關

監督　嘉慶二十四年十二月十七日奉

上諭據吏部奏各商陸續捐輸等項節經奉旨交部

議叙各案除兩淮商人於九年捐輸衡工合龍需

費及十五年捐輸製造江廣撥船經費兩案均經

該鹽政奏明不敢仰邀議叙外其兩淮商人自五

年起至二十一年止共有捐輸十五案粤東洋鹽

各商自五年起至十四年止共有捐輸九案兩浙

商人自四年起至十六年止共有捐輸十二案長

六〇八 兩廣總督阮元奉上諭著將歷年各商捐輸銀兩查明分別議叙或催交(嘉慶二十四年十二月十七日)

鹽商人自十一年起至十六年止共有捐輸四案俱早經限滿節次行催皆未造冊送部等語各商合歷次捐輸銀兩有已經完納者有屢請展緩至今尚未起限者著該總督鹽政監督等查明前項捐輸銀兩如已經全數完繳者即將該商等銜名確實查明造冊咨部議叙其未經完繳者一面飭令該商等按限完繳一面將歷屆請展尚未歸還墊款緣由咨明吏部以備查核將此各諭令知之

欽此遵

旨寄信前來

六〇九　粤海關監督阿爾邦阿奏折　報解關税盈餘銀兩（嘉慶二十五年五月十七日）

奴才阿爾邦阿跪

奏為恭報起解關税盈餘銀兩仰祈
聖鑒事竊照粤海關每年起解正雜銀兩例應分款
具摺
奏報茲查奴才管理辛巳年分關税自嘉慶二十三
年十一月二十六日起連閏扣至二十四年十
月二十五日止一年期内共征銀一百三十八
萬九十七兩八分八釐於上年關期報滿時將
征收總數恭摺
奏明在案茲當委員起解應將收支實數分晰造

六〇九　粤海關監督阿爾邦阿奏折　報解關稅盈餘銀兩(嘉慶二十五年五月十七日)

報查辛巳年分共征銀一百三十八萬九十七兩八分八釐内正項盈餘銀七十九萬七百二十一兩四錢一分二釐除循例支出正項銀四萬兩銅斤水脚銀三千五百六十四兩移交藩庫取有庫收送部查核外又於本年正月十三日承准户部劄知酌撥湖南省庚辰年兵餉案内撥粤海關正額盈餘銀一十萬兩又本年三月二十日承准户部劄知酌撥江寧所屬庚辰年兵餉案内撥粤海關正額盈餘銀一十萬兩均經委員解往會同兩廣督臣阮元

六〇九　粵海關監督阿爾邦阿奏折

報解關税盈餘銀兩（嘉慶二十五年五月十七日）

題報在案尚存正羨銀五十四萬七千一百五十七兩四錢一分二釐又雜羨盈餘銀五十八萬九千三百七十五兩六錢七分六釐除支出通關經費養廉工食及鎔銷折耗等銀四萬四千三十四兩二錢六分八釐又支出解交造辦處裁存備貢銀五萬五千兩又支出動支報解水脚銀四萬三千二百一十四兩六錢八釐部飯食銀三萬三千九百三兩一錢九分五釐尚存雜羨銀四十一萬三千二百二十三兩六錢五釐共存解部正雜盈餘銀九十六萬三百八十

六〇九　粤海關監督阿爾邦阿奏折

報解關税盈餘銀兩（嘉慶二十五年五月十七日）

一兩一分七釐動支報解水脚銀四萬三千二百一十四兩六錢八釐部飯食銀三萬三千九百三兩一錢九分五釐又應解造辦處裁存備貢銀五萬五千兩又另款洋商備繳辦貢銀五萬五千兩又另解平餘罰料截曠等銀八千六百九十四兩六錢六分二釐查此項平餘等銀

係遵照户部

奏准於奏銷盈餘摺内按數剔除入於本案報銷不歸併盈餘項下再查粤海關解部税銀每千兩向有加平銀十五兩添入鞘内今撥解湖南

省兵餉銀十萬兩又撥解江寧所屬兵餉銀十
萬兩所有加平銀兩毋庸添入計溢出添平銀
三千兩一併另款解赴户部以清年款合併聲
明除循例恭疏
題報並按款備具文批於嘉慶二十五年五月二
十等日委員分批解赴户部及造辦處分别交
納外所有辛巳年分關税收支存解數目理合
繕摺具
奏伏乞
皇上睿鑒謹

六〇九　粤海關監督阿爾邦阿奏折
報解關稅盈餘銀兩（嘉慶二十五年五月十七日）

奏

户部知道

嘉慶二十五年五月十七日

六一〇 粵海關監督阿爾邦阿奏折

一年期滿征收關稅總數

(嘉慶二十五年十一月十九日)

奴才阿爾邦阿跪

奏為恭報關稅一年期滿征收總數仰祈

聖鑒事竊照粵海關征收正雜銀兩向例一年期滿

先將總數

奏明俟查核支銷確數另行恭疏具

題並分款造冊委員解部歷年遵照辦理嘉慶四

年五月承准戶部劄行欽奉

上

諭向來各關征稅於正額之外將盈餘一項比較上

三屆征收最多年分如有不敷即著經征之員賠補

以致司榷各員藉端苛斂而賠繳之項仍未能如數

六一〇 粤海關監督阿爾邦阿奏折

一年期滿征收關税總數

(嘉慶二十五年十一月十九日)

完交徒屬有名無實因思各關情形不同所有盈餘數目自應酌中定制以歸核實而示體恤已於户部所奏各關盈餘銀數清單内經朕查照往年加多之數分别核減自此次定額之後倘各關每年盈餘於新定之數再有短少即行著落賠補如於定數或有多餘亦即儘收儘解其三年比較之例著永行停止欽此並奉

欽定粤海關盈餘銀八十五萬五千五百兩欽遵在案兹查壬午年分關税自嘉慶二十四年十月二十六日起扣至二十五年十月二十五日止一

六一〇 粵海關監督阿爾邦阿奏折

一年期滿征收關稅總數

(嘉慶二十五年十一月十九日)

年期滿大關各口共征收銀一百四十七萬九

千八百二十兩一錢二釐除征足

欽定盈餘八十五萬五千五百兩外計多收銀六十二

萬四千三百二十兩一錢二釐除將到關船隻

及貨物粗細分別造具清冊送部核對外所有

關稅一年期滿征收總數理合恭摺具

奏伏乞

皇上睿鑒謹

奏

覽

嘉慶二十五年十一月十九日

六一一　奏折　粵海關監督佶山於稅關大口派有幕友（嘉慶朝）

謹

奏竊查粵海關各稅口向來俱派家人長隨從無幕友在口

辦事監督佶山於大口均派有幕友未免多事甚至將夷

人現穿衣服俱要上稅商夷頗有怨言理合密陳謹

奏

佶山現已留任若果此事屬實即行一面傳

旨解任質審一面補行參奏

六一二　兩廣總督阮元奏折

澳夷嚤嗷味先吔欲將小象一隻送省未收酌賞水果(嘉慶朝)

謹
奏爲據香山縣知縣許乃來禀據澳門夷目嘍嚟
哆轉據澳夷嚤嗷味咣吔禀稱欲將小象一隻
送省懇祈察收等情臣查疆吏例不收受外夷
之物所有象隻仍令該夷帶回惟念該夷人航
海帶來似應畧加賞給即備水菓四樣並茶葉
四匣紬子四疋給賞以示優待之意理合容
奏謹
奏
所辦是

六一三　粵海關監督阿爾邦阿奏折

報解關税盈餘銀兩

(道光元年五月十七日)

奴才阿爾邦阿跪

奏爲恭報起解關税盈餘銀兩仰祈

聖鑒事竊照粵海關每年起解正雜銀兩例應分款具摺

奏報兹查奴才管理壬午年分關税自嘉慶二十四年十月二十六日起至二十五年十月二十五日止一年期内共征銀一百四十七萬九十八百二十兩一錢二釐於上年關期報滿時將征收總數恭摺

六一三　粤海關監督阿爾邦阿奏折
報解關税盈餘銀兩
（道光元年五月十七日）

奏明在案茲當委員起解應將收支實數分晰造
報查壬午年分共征銀一百四十七萬九千八
百二十兩一錢二釐內正項盈餘銀八十六萬
五千五十三兩三錢九分八釐除循例支出正
項銀四萬兩銅斤水脚銀三千五百六十四兩
移交藩庫取有庫收送部查核外又於本年正
月初十日承准戶部劄知酌撥湖北省辛巳年
兵餉案內撥粤海關税銀一十五萬兩又湖南
省辛巳年兵餉案內撥粤海關税銀二十萬兩

六一三　粤海關監督阿爾邦阿奏折

報解關税盈餘銀兩
(道光元年五月十七日)

均經委員起解清楚除會同兩廣督臣阮元另
疏
題報外尚存正羨銀四十七萬一千四百八十九
兩三錢九分八釐又雜羨盈餘銀六十一萬四
千七百六十六兩七錢四釐除支出通關經費
養廉工食及鎔銷折耗等銀四萬四千七百四
十四兩三錢八分五釐又支出解交造辦處裁
存備貢銀五萬五千兩又支出動支報解水脚
銀四萬六千六百一十七兩七錢四分一釐部

六一三　粤海關監督阿爾邦阿奏折（道光元年五月十七日）　報解關税盈餘銀兩

飯食銀三萬六千六百二十六兩六錢四分三
釐尚存雜羨銀四十三萬一千七百七十七兩
九錢三分五釐共存解部正雜盈餘銀九十萬
三千二百六十七兩三錢三分三釐動支報解
水脚銀四萬六千六百一十七兩七錢四分一
釐部飯食銀三萬六千六百二十六兩六錢四
分三釐又應解造辦處裁存備貢銀五萬五千
兩又另款洋商備繳辦貢銀五萬五千兩又另
解平餘罰料截曠等銀九千七百二十兩三錢

六一三　粤海關監督阿爾邦阿奏折

報解關税盈餘銀兩

(道光元年五月十七日)

五分三釐查此項平餘等銀係遵照户部
奏准於奏銷盈餘摺内按數剔除入於本案報銷
不歸併盈餘項下再查粤海關解部税銀每千
兩向有加平銀十五兩添入鞘内今撥解湖北
省兵餉銀十五萬兩又撥解湖南省兵餉銀二
十萬兩所有加平銀兩毋庸添入計溢出添平
銀五千二百五十兩一并另款解赴户部以清
年款合併聲明除循例恭疏
題報並按款備具文批於道光元年五月二十等

日委員分批解赴戶部及造辦處分別交納外
所有壬午年分關稅收支存解數目理合繕摺
具
奏伏乞
皇上聖鑒謹
奏
該部院知道
道光元年五月十七日

六一四　兩廣總督阮元奏折

洋行總商伍敦元不能查禁夷船私帶鴉片責令摘去頂戴以觀後效(道光元年十月十四日)

兩廣總督臣阮元跪

奏爲申明嚴禁鴉片事例請

旨將經理不善之洋商摘去頂戴責令嚴緊杜絶以

觀後效

奏祈

聖鑒事竊照鴉片一項來自外洋流毒内地最爲人

心風俗之害節經前督臣蔣攸銛暨臣會同歷

任監督組嚴切查禁無如奸民鬼蜮多端百計

偷越推原其故由一切防杜之法多行於鴉片

已入内地以後不能行於鴉片未入内地以前
是以向來查辦鴉片之案不過就現獲之犯加
以懲治其於最先販賣之人尚無從究詰得實
至於此外盈千累百分散外洋者更無從憑空
海捕臣到任至今會同海關監督破獲鴉片之
案與夫觧官燒燬之鴉片時時而有但不塞其
源其流終不能止息臣訪得鴉片來路大端有
三一係大西洋一係噗咭唎一係咪唎㗖大西
洋住居澳門每於赴本國置貨及赴别國貿易

六一四　兩廣總督阮元奏折

洋行總商伍敦元不能查禁夷船私帶鴉片責令摘去頂戴以觀後效(道光元年十月十四日)

之時回帆夾帶鴉片回粵偷消暎咭唎鴉片訪係水梢人等私置其公司船主尚不敢自帶獨咪唎㗋國因少國王鈐束竟係船主自帶鴉片來粵嘉慶二十年欽奉

上諭如一船帶有鴉片即將此一船貨物全行駁回不准貿易若各船皆帶有鴉片亦必將各船貨物全行駁回俱不准其貿易原船即逐回本國等因此誠正本清源之辦法惟向來臣與監督衙門傳諭各國大班事件俱發交洋行商人照繕夷字轉為

六一四　兩廣總督阮元奏折

洋行總商伍敦元不能查禁夷船私帶鴉片責令摘去頂戴以觀後效(道光元年十月十四日)

傳諭全籍該商等欽遵辦理敬布
天朝法度使知畏懼不宜但以奉文轉行了事蓋洋
商與夷人最為切近夷船私帶鴉片即能瞞臣
等之耳目斷不能瞞該商等之耳目如果該商
等不徇情面遇有夷船夾帶即稟明遵
旨駁回船貨不與貿易且於鴉片未來之前先期告誡
曉以利害夷人數萬里而來豈敢因夾帶違禁
物件自斷茶葉等項正經買賣如此官商同心
合力辦理縱不能一時全行斷絕而遠夷聞風

六一四　兩廣總督阮元奏折

洋行總商伍敦元不能查禁夷船私帶鴉片責令摘去頂戴以觀後效(道光元年十月十四日)

忌憚再歷數年竟可冀此風漸息迺頻年以來從未見洋商稟辦一船其為祇圖見好於夷人不顧內地之受害顯而易見洋商內伍敦元係總商居首之人責任尤專各國夷情亦為最熟今與衆商通同徇隱殊為可惡除現在會同監督臣達三恭引嘉慶二十年
諭旨嚴切傳諭各國夫班並密訪內地接引奸民盡法處治外相應請
旨將伍敦元所得議叙三品頂戴摘去責令率同衆

六一四　兩廣總督阮元奏折

洋行總商伍敦元不能查禁夷船私帶鴉片責令摘去頂戴以觀後效(道光元年十月十四日)

洋商力為遵
旨杜絕如一二年內經理得宜鴉片來粵絕少當奏請
施恩賞還頂戴如仍前與衆商相率疲玩甚或通同
舞弊即當分別從重治罪以為洋商不實力稽
察杜絕者戒臣謹繕摺具
奏伏乞
皇上聖鑒施行謹
奏

另有旨

道光元年十月　十四　日

六一五　署理兩廣總督嵩孚奏折
遵查偷運紋銀出洋并海關監督無私收烟税(道光二年四月二十四日)

再臣接准部咨道光二年二月十五日奉
上諭御史黄中模奏請嚴禁海洋偷漏銀兩一摺所
奏甚是定例廣東洋商與夷人交易祇用貨物收
買轉貿不准用銀立法甚為周備近因民間喜用
洋錢洋商用銀向其收買致與江浙等省茶客交
易作價甚高並或用銀收買洋貨實屬違例病民
不可不嚴行查禁著廣東督撫暨海關監督派委
員弁認真巡查出口洋船不准偷漏銀兩仍不時
查察如有縱放之員即行參革治罪至洋商與外

六一五　署理兩廣總督嵩孚奏折　遵查偷運紋銀出洋并海關監督無私收烟税(道光二年四月二十四日)

夷勾通販賣鴉片重為風俗之害皆由海關利其
重税隱忍不發以致流傳甚廣著該督撫密訪海
關監督有無收受黑烟重税據實奏聞並通飭各
省關監一體嚴密查拏如係何處拏獲即應究明
於何處行走所有各關縱放員弁即叅辦示懲儻
該督撫訪察不力或瞻徇不奏别經發覺立即加
之懲處務期洋船出入積弊革除以清關隘而裕
民生欽此查洋商用銀向夷人收買洋錢洋貨實
屬違例病民先經臣會同海關監督出示懸賞
嚴禁並委員密拏在案兹復欽遵查照督飭員

六一五　署理兩廣總督嵩孚奏折

遵查偷運紋銀出洋并海關監督無私收烟稅(道光二年四月二十四日)

弁認真巡查如有洋商舖夥以及巡船丁役胆
敢通同將紋銀偷運出洋者一經拏獲定即盡
法嚴辦並將縱放之員叅革治罪至鴉片一項
來自外洋流傳甚廣最為風俗之害節經督臣
阮元及臣派員查拏嚴禁關口員弁得規縱放
並因一切防杜之法多行於鴉片已入內地之
後不能行於鴉片未入內地以前飭令洋商於
夷船進口之時輪流查察加保如失於查察或
通同狥隱即將認保輪查各商分別懲辦以清
源流而除積弊茲欽奉

諭旨臣復嚴飭洋商並各關口實力稽查如有拏獲
興販之犯即究明何處行走將縱放員弁叅辦
示懲如此嚴密互相稽察庶幾偷漏之弊可期
漸除至海關監督收受黑烟重稅臣密加訪察
實無其事惟既經該御史奏奉
諭旨飭查臣斷不以現在查無其事不加留心仍當
不時密訪如有收受情事即據實奏
聞不敢稍存瞻顧自干狗隱之咎謹附片覆
奏伏乞
皇上聖鑒謹

六一五　署理兩廣總督嵩孚奏折

遵查偷運紋銀出洋并海關監督無私收烟稅(道光二年四月二十四日)

奏

所奏甚是若奉行不力亦不過一片虛文

耳于事何益另有旨

六一六 粤海關監督達三奏折

報解關税盈餘銀兩數目

(道光二年四月二十四日)

奴才達三跪

奏為恭報起解關税盈餘銀兩數目仰祈

聖鑒事竊照粤海關每年起解正雜銀兩例應分款

具摺

奏報茲查癸未年分關税前監督阿爾邦阿管理

任内自嘉慶二十五年十月二十六日起至道

光元年九月二十一日止計十個月零二十六

日大關各口共徵銀一百二十一萬六千三百

六十三兩八錢四分二釐奴才接管任内自九月

二十二日起至十月十五日止計二十四日大關各口共徵銀二十萬三百六十八兩一錢八釐兩廣督臣阮元兼署任内自十月十六日起至二十五日止計十日大關各口共徵銀八萬二百九十兩五錢四分二釐合計三任一年期滿大關各口通共徵銀一百四十九萬七千二十二兩四錢九分二釐於上年關期報滿時經兩廣督臣阮元兼署關務任内將徵收總數恭摺具

六一六　粤海關監督達三奏折

報解關税盈餘銀兩數目

(道光二年四月二十四日)

奏在案。茲當委員起解，應將收支實數分晰造報。

查癸未年分共徵銀一百四十九萬七千二十二兩四錢九分二釐，内正項盈餘銀八十六萬七千一百五十六兩八分，除循例支出正項銀四萬兩，銅觔水脚銀三千五百六十四兩移交藩庫，取有庫收送部查覈，又除道光元年七月十七日承准户部劄行，粤海關嘉慶二十四年分各項税銀内有附解造辦處銀五萬五千兩，豫省一併截留作正開銷，劄行在於該關盈餘

六一六　粵海關監督達三奏折

報解關稅盈餘銀兩數目
（道光二年四月二十四日）

項下照數劃出批解造辦處查收業經照數委
員批解並經兩廣督臣阮元於兼署關務任內
題報亦在案尚存正羨銀七十六萬八千五百九
十二兩八分又雜羨盈餘銀六十二萬九千八
百六十六兩四錢一分二釐除照例支出通關
經費養廉工食及鎔銷折耗等銀四萬五千一
十六兩六錢九分七釐又支出解交造辦處裁
存備貢銀五萬五千兩又支出動支報解水脚
銀四萬七千一百五十一兩三錢四分九釐部

飯食銀三萬七千五十一兩四錢一分五釐外
尚存雜羨銀四十四萬五千六百四十六兩九
錢五分一釐共存解部正雜盈餘銀一百二十
一萬四千二百三十九兩三分一釐動支報解
水脚銀四萬七十一百五十一兩三錢四分九
釐部飯食銀三萬七千五十一兩四錢一分五
釐又應解造辦處裁存備貢銀五萬五千兩又
另款洋商備繳辦貢銀五萬五千兩又另解平
餘罰料截曠等銀八千三百九十五兩九錢五

六一六　粤海關監督達三奏折

報解關税盈餘銀兩數目
（道光二年四月二十四日）

分三釐查此項平餘等銀係遵照户部
奏准於奏銷盈餘摺内按數剔除入於本案報銷
不歸併盈餘項下再查粤海關解部税銀每千
兩向有加平銀十五兩添入鞘内今劃解造辦
處銀五萬五千兩例無加平毋庸添入計溢出
添平銀八百二十五兩一併另款解赴户部以
清年款合併聲明除循例恭疏
題報並按款備具文批於道光二年四月二十日
起委員分批陸續解赴户部造辦處分别交納

六一六　粵海關監督達三奏折

報解關稅盈餘銀兩數目

(道光二年四月二十四日)

外謹將癸未年分關稅收支存解數目繕摺具

奏伏乞

皇上聖鑒謹

奏

該部知道

道光二年四月二十四日

六一七 粤海關監督達三奏折

報告征收關税總數

（道光二年十月十五日）

奴才達三跪

奏爲恭報關税一年期滿征收總數仰祈

聖鑒事竊照粤海關征收正雜銀兩向例一年期滿

先將總數

奏明俟查覈支銷確數另行恭疏具

題並分款造册委員解部歷年遵照辦理嘉慶四

年五月准户部劄行奉

上諭向來各關征税於正額之外將盈餘一項比較上

三届征收最多年分如有不敷即着經征之員賠補

六一七　粤海關監督達三奏折
報告征收關税總數
(道光二年十月十五日)

以致司榷各員藉端苛斂而賠繳之項仍未能如數
完交徒屬有名無實因思各關情形不同所有盈餘
數目自應酌中定制以歸覈實而示體恤已於户部
所奏各關盈餘銀數清单内經朕查照往年加多之
數分别覈减自此次定額之後倘各關每年盈餘於
新定之數再有短少即行着落賠補如於定數或有
多餘亦即儘收儘解其三年比較之例着永行停止
欽此並奉
欽定粤海關盈餘銀八十五萬五千五百兩欽遵在案

六一七 粵海關監督達三奏折

報告征收關稅總數

(道光二年十月十五日)

茲查遞年連閏遞前應征甲申年分十二箇月關稅兩廣督臣阮元兼署任内自道光元年十月二十六日起至二年閏三月初二日止計五箇月零七日大關各口共征銀五十七萬六千五百六十六兩八錢九分三釐奴才於閏三月初三日回任接管起至九月二十五日止計六箇月零二十三日大關各口共征銀九十萬八千五百七十九兩九錢三分七釐統計兩任一年期滿大關各口共征銀一百四十八萬五千一

百四十六兩八錢三分除如額征足

欽定盈餘八十五萬五千五百兩外計多收銀六十二

萬九千六百四十六兩八錢三分除將到關船

隻及貨物粗細分別造具清冊送部覈對外所

有關稅一年期滿征收總數理合恭摺具

奏伏乞

皇上聖鑒謹

奏

户部知道

道光二年十月　十五　日

六一八　兩廣總督阮元奏折
廣東省城洋行夷館被燒請減免洋人應納粵海關税銀(道光二年十一月初七日)

廣東巡撫臣程含章
兩廣總督臣阮元跪
粵海關監督臣達三

奏為商夷被災據情代
奏分别乞
恩仰祈
聖鑒事竊九月十八日廣東省西關失火延燒洋行
夷館情節業經臣等陸續陳
奏在案正在查勘撫恤間據夷人大班喊啶等呈
遞夷禀當交洋商通事等譯出據云夷等遠來
中國貿易已近百年仰蒙

列聖鴻慈至優極渥今西關失火風勢過猛以致延燒
存貯貨物館舍將本年販到之大呢嗶嘰及歷
年餘存洋貨暨本夷國王公售之物均成灰燼
其中並有雖經認保尚未分給洋商大呢嗶嘰
等項共約計應輸稅銀十四萬二百四十餘兩
錢糧無着夷等進退無路痛不欲生伏聞當今
大皇帝仁覆寰區恩周内外惟求大人等代為叩懇
天恩垂念遠方小夷梯航萬里情節堪憐伏祈
恩施豁免等語又據洋商伍敦元盧棣榮等連名具

六一八　兩廣總督阮元奏折

廣東省城洋行夷館被燒請減免洋人應納粵海關税銀（道光二年十一月初七日）

呈商等世受
國恩淪肌浹髓玆猝遇火灾原不該妄有陳訴但商
等十一行被燒者六家其餘五家行館雖未被
灾而貨棧房屋亦俱燒燬明年正月即屆開徵
之期商力竭蹷實難按限交餉亦祈代
奏量予
恩施經臣等以
帑項攸關嚴加斥駁而該商等遍赴臣等衙門求
請不已臣等復親履被灾之區逐一察看并委
員詳細查覈該商夷等所訴尚屬實在情形查

六一八　兩廣總督阮元奏折

廣東省城洋行夷館被燒請減免洋人應納粵海關税銀(道光二年十一月初七日)

粵海關錢糧自上年十月二十六日起連閏計
至本年九月二十五日止一年期滿經臣阮元
兼署關務及臣達三回粵接印兩任共徵銀一
百四十八萬五千一百四十餘兩較之嘉慶四
年
欽定正額盈餘銀八十五萬五千五百兩計多収銀六
十三萬餘兩前經臣達三恭摺
奏明在案伏查廣東省此次火災實爲數十年來
所未見經臣等據實具

奏其商夷拮据情形早在

聖明洞鑒之中若不稍加調劑明年大餉實難依限

催徵臣等伏查本年徵収銀一百四十八萬五

千一百四十六兩八錢三分内除出口餉銀五

十一萬五十五兩七錢七分二釐及各口徵銀

一十二萬八千五百九十三兩五錢一釐船鈔

銀十八萬二千九十七兩五錢三分三釐共計

銀八十二萬七百四十六兩八錢六釐仍督飭

徵齊届期解部其進口餉銀六十六萬四千四

百兩二分四釐向例於滿關後六箇月内徵齊

起解惟是稅由貨出今大呢嗶嘰等物既被焚
燬其尚未分散各行稅銀仍應由夷人交出者
計十四萬二百四十三兩四錢四分六釐其貨
已給商稅銀應由商人交出者計五十三萬四
千一百五十六兩五錢七分八釐自應分別
奏懇
恩施俾商夷均資調劑臣等查該夷人貨物被焚貲
本已歸烏有若再令交稅未免拮据所有應交
稅銀十四萬二百四十三兩四錢四分六釐可

六一八　兩廣總督阮元奏折

廣東省城洋行夷館被燒請減免洋人應納粤海關稅銀(道光二年十一月初七日)

否准其豁免以示
聖主體恤遠夷出自
鴻慈至該商等應交稅銀五十二萬四千一百五十
六兩五錢七分八釐未便遽請蠲豁臣等商酌
合無仰懇
皇上格外施恩俯准明年先令該商等交銀二十六
萬二千七十八兩二錢八分九釐其餘一半自
道光四年起行館未燒棧房被灾者五家分爲
三限其行館棧房俱被燒燬者六家分爲五限

帶徵歸款庶商力稍紓徵輸較易如蒙
俞允
帑項既不致虛懸而該商等感戴
恩施激發天良向後辦理稅餉自必倍加踴躍至內
務府交售參價銀七萬六千八百兩造辦處年
例備公銀五萬五千兩仍飭令照數交納不容
稍有拖延臣等往返熟商意見相同謹合詞恭
摺具
奏伏祈

六一八　兩廣總督阮元奏折

廣東省城洋行夷館被燒請減免洋人應納粵海關稅銀(道光二年十一月初七日)

聖明訓示施行謹

奏

另有旨

道光二年十一月初七日

六一九　兩廣總督阮元奉上諭　著撫恤廣東省城西門外失火灾民并遵前旨詳議救火章程(道光二年十一月十三日)

軍機大臣　字寄
兩廣總督阮　廣東巡撫程　道光二年十一
月十三日奉
上諭阮元等奏查明城外失火延燒房屋確數照例
撫恤並審辦乘火搶奪匪犯一摺前據阮元奏廣
東省城西門外失火延燒店鋪洋行及夷人樓館
當經降旨令該督確查被燒房屋及傷斃人口分
別撫恤茲據該督等查明係第八鋪潘仁昕餅店
失火延燒店鋪二千四百二十三所夷人寓館及
洋行亦同時焚燬居民搬避傾跌踹斃二十二人

六一九　兩廣總督阮元奉上諭
著撫恤廣東省城西門外失火灾民并遵前旨詳議救火章程(道光二年十一月十三日)

情殊可憫除有力富商不願領受撫恤外其無力
貧民房屋一百八十七間及蛋户小寮一百七十
五家小艇五十六隻著該督等分别撫恤毋令失
所其拏獲乘火搶奪匪犯及畏罪潛逃之潘仁昕
著即照例辦理該督等仍遵照前旨詳議救火章
程以弭火患而安商旅將此諭令知之欽此遵
旨寄信前來

六二〇 内閣奉上諭

廣東省城西門外失火著將洋商應交粤海關各項稅銀分别豁免或分期征收(道光二年十二月十二日)

道光二年十二月十二日内閣奉

上諭阮元等奏商夷被災懇恩調劑一摺廣東省城西關本年九月内不戒於火延燒洋行夷館據該督等查明被災情形較重商夷拮据所有粤海關本年徵收稅銀除出口餉銀及各口徵解並船鈔銀兩仍督飭徵齊解部外其進口餉銀六十六萬四千四百兩零若照例於滿關後徵齊起解實屬力有不逮著照所請加恩將該夷人應交稅銀十四萬二百四十三兩零全行豁免以示體恤其該商等應交稅銀五十二萬四千一百五十六兩零

六二〇 内閣奉上諭

廣東省城西門外失火著將洋商應交粤海關各項税銀分别豁免或分期征收(道光二年十二月十二日)

著於明年先交銀二十六萬二千七十八兩零所餘一半自道光四年起行館未燒棧房被灾者五家分爲三限其行館棧房俱被燒燬者六家分爲五限帶徵歸款以紓商力至内務府交售參價銀七萬六千八百兩造辦處年例備公銀五萬五千兩仍著飭令照數交納該部知道欽此

六二一　粵海關監督達三奏折

報解關稅盈餘銀兩數目

(道光三年四月二十六日)

奴才達三跪

奏為恭報起解關稅盈餘銀兩數目仰祈

聖鑒事竊照粵海關每年起解正雜銀兩例應分款

具摺

奏報茲查甲申年分關稅兩廣督臣阮元兼署任

內自道光元年十月二十六日起至二年閏三

月初二日止計五個月零七日大關各口共徵

銀五十七萬六千五百六十六兩八錢九分三

奴才於閏三月初三日回任接管起至九月二

十五日止計六個月零二十三日大關各口共

六二一　粤海關監督達三奏折

報解關稅盈餘銀兩數目

（道光三年四月二十六日）

徵銀九十萬八千五百七十九兩九錢三分七釐，統計兩任一年期滿大關各口通共徵銀一百四十八萬五千一百四十六兩八錢三分，於上年關期報滿時將徵收總數恭摺奏明在案。茲當委員起解，應將收支實數分晰造報。查甲申年分共徵銀一百四十八萬五千一百四十六兩八錢三分，內正項盈餘銀八十五萬九百九十七兩六錢三分九釐，除循例支出正項銀四萬兩、銅觔水脚銀三千五百六十四

六二一　粵海關監督達三奏折　報解關稅盈餘銀兩數目（道光三年四月二十六日）

兩移交藩庫取有庫收送部查覈外尚存正羡
銀八十萬七千四百三十三兩六錢三分九釐
又雜羡盈餘銀六十三萬四千一百四十九兩
一錢九分一釐內除上年商夷被災
奏懇
恩施案內欽奉
諭旨豁免夷人應交稅銀十四萬二百四十三兩四
錢四分六釐並
恩准各商分限帶徵銀二十六萬二千七十五兩二
錢八分九釐又除照例支出通關經費養廉工

六二一 粤海關監督達三奏折

報解關税盈餘銀兩數目
(道光三年四月二十六日)

食及筶銷折耗等銀四萬二千六十三兩一錢六分九釐又支出解交造辦處裁存俻貢銀五萬五千兩又支出動支報解水脚銀三萬三千三百三十三兩八錢七釐部飯食銀二萬五千九百九十八兩五錢七分四釐外尚存雜羨銀七萬五千四百三十一兩九錢六釐共存解部正雜盈餘銀八十八萬二千八百六十五兩五錢四分五釐動支報解水脚銀三萬三千三百三十三兩八錢七釐部飯食銀二萬五千九百九十八兩五錢七分四釐又應解造辦處裁存

六二一　粵海關監督達三奏折　報解關稅盈餘銀兩數目（道光三年四月二十六日）

備貢銀五萬五千兩又另款洋商備繳辦貢銀
五萬五千兩又另解平餘罰科截曠等銀一萬
三千六百三十七兩二分查此項平餘等銀係
遵照戶部
奏准於奏銷盈餘摺內按數剔除入於本案報銷
不歸併盈餘項下合併聲明除循例恭疏
題報並按款備具文批於道光三年四月二十二
日起委員分批陸續解赴戶部造辦處分別交
納外謹將甲申年分關稅收支存解數目繕摺

六二一　粵海關監督達三奏折
報解關稅盈餘銀兩數目
（道光三年四月二十六日）

具
奏伏乞
皇上聖鑒謹
奏
該部知道
道光三年四月　二十六　日

六二二 兩廣總督阮元奏折 澳門兵頭被逐謹防英人從中漁利（道光三年七月二十九日）

臣阮元
臣陳中孚 跪

奏再澳门地方在省城之南二百餘里係前代租給大西洋夷人
夷人居住貿易歲收地租五百餘兩該夷自將餘地蓋屋轉租与
漢人開設鋪面及嘆咭唎各國在粵貿易之人澳内男夷一千
餘名女夷二千餘口夷兵二百餘名在西洋諸國中最為弱此
次驅逐番差兵頭係澳中夷商之甘寵夷之心向背不齊
並聞大西洋國中事權亦不歸一該國王接奉後或責其專
擅或竟准其换立或先已准换後又反覆此皆該國之事惟澳
门係
天朝地界不比該國本境可以聽其任意爭鬬且嘉慶十三年
嘆咭唎曾有闖占澳门之事若澳夷与小西洋自生釁
端設有爭執恐嘆咭唎從中 覬覦冀收鷸蚌之利
先已飭令香山縣諭知小西洋有生釁端設有爭執恐嘆
咭唎從中覬覦冀收鷸蚌之利臣先已飭令香山縣諭知小西

六二二　兩廣總督阮元奏折

澳門兵頭被逐謹防英人從中漁利(道光三年七月二十九日)

洋夷人曉以

天朝法度，該夷年來有國王示諭，來粵無須帶領多船，於未到澳，容許其多人登岸，搖南船逐家為彈壓，不使爭競，以仰副

聖主柔懷遠人、恩威並用、保護海疆之至意。再小西洋在中國之西，距廣東路程約三個月，自小西洋至大西洋又四個月。澳門夷民貴賤俱安靜，謹再附片密陳。伏乞

聖鑒。謹

奏

道光三年七月廿九日奉

硃批：所見是，隨時妥為料理可也。欽此。

六二三　粤海關監督達三奏折

報告征收關税總數

（道光三年十月十九日）

奴才達三跪

奏爲恭報關税一年期滿徵收總數仰祈

聖鑒事。竊照粤海關徵收正雜銀兩，向例一年期滿

先將總數

奏明，俟查覈支銷確數，另行恭疏具

題，並分款造冊，委員解部，歷年遵照辦理在案。查

粤海關原定正額銀四萬兩，銅觔水脚銀三千

五百六十四兩，又嘉慶四年五月准户部劄行

奉

六二三　粤海關監督達三奏折

報告征收關税總數

（道光三年十月十九日）

上諭向来各關徵税於正額之外將盈餘一項比較上
三届徵收最多年分如有不敷即着經徵之員賠補
以致司榷各員藉端苛斂而賠繳之項仍未能如數
完交徒屬有名無實因思各關情形不同所有盈餘
數目自應酌中定制以歸覈實而示體恤已於户部
所奏各關盈餘銀数清单内經朕查照往年加多之
數分别覈減自此次定額之後倘各關每年盈餘於
新定之數再有短少即行著落賠補如於定數或有
多餘亦即儘收儘解其三年比較之例著永行停止

欽此並奉
欽定粵海關盈餘銀八十五萬五千五百兩欽遵亦在
案茲查遞年連閏趲前應徵乙酉年分十二個
月關税自道光二年九月二十六日起至三年
九月二十五日止一年期滿大關各口共徵收
銀一百四十萬四千九百一十三兩一錢六分
除徵足正額銀四萬兩銅觔水脚銀三千五百
六十四兩並徵足
欽定盈餘銀八十五萬五千五百兩外計多收銀五十

六二三　粵海關監督達三奏折
報告征收關税總數
（道光三年十月十九日）

六二三　粤海關監督達三奏折
報告征收關税總數
（道光三年十月十九日）

萬五千八百四十九兩一錢六分除將到關船隻及貨物粗細分别造具清册送部覈對外所有關税一年期滿徵收總数理合恭摺具

奏伏乞

皇上聖鑒謹

奏

户部知道

道光三年十月　十九　日

六二四　兩廣總督阮元奏折

請定洋米易貨之例
（道光四年正月二十八日）

廣東巡撫臣陳中孚
兩廣總督臣阮元
粵海關監督臣達三　跪

奏為請定洋米易貨之例以裕儲備而綏遠商
奏祈
聖訓事竊照粵東山海交錯商賈雲集稔收之歲本地產穀可敷民食即間遇收成稍歉亦有粵西米石販運接濟惟儲備愈多愈善溯查乾隆嘉慶年間屢有近粵港脚等國粗貨夷船載運洋米來粵發賣之事定例夷船進口應丈量船身大小報徵船鈔粵海關向無米稅從前洋米來

六二四　兩廣總督阮元奏折

請定洋米易貨之例

(道光四年正月二十八日)

粵並免丈輸船鈔以示招徠祇於糶竣後放空

回國不准裝貨出口以示區别此係向來辦理

章程近年以來洋米罕到詢之洋商據稱外夷

地廣人稀產穀本多亟思販運内地貿易第運

米遠來雖免完納船鈔而放空回國遠涉重洋

並無壓艙回貨抵禦風浪該夷等既憚風濤之

險又無多利可圖是以罕願載運等語伏思粵

東雖無藉外夷米穀糶食而

國家懷柔遠人一切貨物均准往來貿遷獨於米

穀一項因未著成例竟不令其易貨回國似未

六二四　兩廣總督阮元奏折　請定洋米易貨之例（道光四年正月二十八日）

畫一兹據藩司蘇明阿轉據府縣具詳前來合
無仰懇
聖恩准令各國夷船如有專運米石來粤並無夾帶
別項貨物者進口時照舊免其丈輸船鈔所運
米穀由洋商報明起貯洋行按照市價糶賣糶
竣准其原船裝載貨物出口與別項夷船一體
照例徵收貨税彙冊報部如此明定章程則夷
船米穀可以源源販運且以出口貨税抵算進

六二四　兩廣總督阮元奏折

請定洋米易貨之例

(道光四年正月二十八日)

口船鈔核計仍有贏無絀似於裕課便民綏遠

均有裨益是否有當臣等謹合詞恭摺具

奏伏乞

皇上聖鑒訓示謹

奏

另有旨

道光四年正月　　二十八　　日

六二五 內閣奉上諭

著照阮元所奏洋米易貨之例遵行（道光四年三月初五日）

道光四年三月初五日內閣奉
上諭阮元等奏請定洋米易貨之例一摺廣東粵海關向准洋米進口糶賣免輸船鈔糶竣回國不准裝載貨物近年以來該夷等因回空時無貨壓艙難禦風濤且無多利可圖是以米船來粵者少自應將成例量爲變通著照所請嗣後各國夷船來粵如有專運米石並無夾帶別項貨物者進口時照舊免其丈輸船鈔所運米穀由洋商報明起貯糶賣糶竣准其原船裝載貨物出口與別項夷船一體徵收稅課彙册報部以示體恤該部知道欽此

六二六 粤海關監督七十四奏折

報告接收關税銀數盤核清楚
（道光四年四月十六日）

奴才七十四跪

奏爲恭報接收關税銀數盤核清楚仰祈

聖鑒事竊奴才荷蒙

恩命補授粤海關監督業將到任接印日期恭疏

題報并繕摺叩謝

天恩在案兹查前任監督達三移交關庫存貯各款

銀兩奴才按冊逐款查核乙酉年分關税自道光

二年九月二十六日起至三年九月二十五日

止一年期内大關各口共徵銀一百四十萬四

六二六　粵海關監督七十四奏折
報告接收關税銀數盤核清楚
(道光四年四月十六日)

千九百一十三兩一錢六分内除道光四年正月初十日承准户部劄行撥解湖北省兵餉銀二十五萬兩湖南省兵餉銀一十萬兩業經前任監督達三照數委員批解在案又除支銷通關經費等銀三萬三千二百三兩七錢九分二釐又除洋商未完進口夷税銀五十四萬六千九十二兩二錢三分各口已徵未解銀五萬六千八百三十八兩九分四釐現存庫銀四十一萬八千七百七十九兩四分四釐另存平餘罰

六二六　粤海關監督七十四奏折

報告接收關税銀數盤核清楚
(道光四年四月十六日)

料等銀三千六十二兩九錢九分五釐又洋商應交甲申年分初限帶徵款内現在已繳存庫銀五千二百三十七兩一錢三分四釐又丙戌年分自道光三年九月二十六日起至四年三月初九日止大關各口共徵銀七十萬七千二百四兩八錢三分九釐内除支銷過經費等銀九千五百一十四兩八錢一分九釐又除洋商未完進口夷税銀二十四萬四千二百九十一兩八釐各口已徵未解銀三千八百三十二兩

六二六　粤海關監督七十四奏折

報告接收關稅銀數盤核清楚（道光四年四月十六日）

六錢七分八釐現存庫銀四十四萬九千五百六十六兩三錢三分四釐另存平餘罰料等銀二千一百四十六兩八錢九釐　奴才俱按册查明逐封彈兑接收清楚其洋商未完進口夷稅銀兩現有洋商認狀存據係前任監督李質穎

奏明就於滿關後六箇月内徵齊起解經部議准應仍遵照舊定章程辦理除將乙酉年分稅餉各款銀兩趕緊催齊委員依期分批起解外所有奴才接收關稅銀數盤核清楚緣由除恭疏

六二六　粵海關監督七十四奏折

報告接收關税銀數盤核清楚
(道光四年四月十六日)

題報外理合繕摺具

奏伏乞

皇上聖鑒謹

奏

知道了

道光四年四月　十六　日

六二七　粵海關監督七十四奏折

報解關稅盈餘銀兩數目

（道光四年四月二十日）

奴才七十四跪

奏為恭報起解關稅盈餘銀兩數目仰祈

聖鑒事竊照粵海關每年起解正雜銀兩例應分款

具摺

奏報茲查乙酉年分關稅自道光二年九月二十六日起至三年九月二十五日止一年期滿大關各口通共徵銀一百四十萬四千九百一十三兩一錢六分於上年關期報滿時業經前任監督達三將徵收總數恭摺

六二七　粤海關監督七十四奏折

報解關稅盈餘銀兩數目
（道光四年四月二十日）

奏明在案茲當委員起解應將收支實數分晰造
報查乙酉年分共徵銀一百四十萬四千九百
一十三兩一錢六分內正項盈餘銀八十六萬
八千八兩六分二釐除循例支出正項銀四萬
兩銅斤水脚銀三千五百六十四兩移交藩庫
取有庫收送部查核外又於本年正月初十日
承准戶部劄知酌撥湖北省甲申年兵餉案內
撥粤海關稅銀二十五萬兩又湖南省甲申年
兵餉案內撥粤海關稅銀一十萬兩均經委員

六二七　粤海關監督七十四奏折
報解關税盈餘銀兩數目
（道光四年四月二十日）

起解清楚除會同兩廣督臣阮元另疏
題報外尚存正羨銀四十七萬四千四百四十四
兩六分二釐又雜羨盈餘銀五十三萬六千九
百五兩九分八釐除支銷通關經費養康工食
及鎔銷折耗等銀四萬二千五百七十二兩二
分又支出解交造辦處裁存備貢銀五萬五千
兩又支出動支報解水脚銀四萬七千二百一
十一兩六錢八分部飯食銀三萬七千一百三
兩六分一釐尚存雜羨銀三十五萬五千一十

六二七 粵海關監督七十四奏折
報解關稅盈餘銀兩數目
(道光四年四月二十日)

八兩三錢三分七釐共存解部正雜盈餘銀八
十二萬九千四百六十二兩三錢九分九釐又
應解動支水脚銀四萬七千二百一十一兩六
錢八分部飯食銀三萬七千一百三兩六分一
釐又應解造辦處裁存備貢銀五萬五千兩又
另款洋商備繳辦貢銀五萬五千兩又另解洋
商繳還帶徵甲申年分初限銀七萬六千八百
七十六兩六錢三分五釐又另款家咈船在洋
遭風撈獲濕水疋頭稅銀一萬四千六十兩五

六二七　粵海關監督七十四奏折

報解關税盈餘銀兩數目
（道光四年四月二十日）

錢九分五釐又另解平餘等銀九千一十六兩
二錢六分三釐查此項平餘等銀係遵照戶部
奏准於奏銷盈餘摺内按數剔除入於本案報銷
不歸併盈餘項下再查粵海關解部稅銀每千
兩向有加平銀十五兩添入鞘内今撥解湖北
省兵餉銀二十五萬兩又撥解湖南省兵餉銀
一十萬兩所有加平銀兩毋庸添入計溢出添
平銀五千二百五十兩一併另款解赴戶部以
清年款合併聲明除循例恭疏

六二七　粤海關監督七十四奏折

報解關稅盈餘銀兩數目
(道光四年四月二十日)

題報並按款備具文批於道光四年四月二十二
日起委員分批陸續解赴户部造辦處分别交
納外謹將乙酉年分關稅收支存解數目理合
繕摺具
奏伏乞
皇上聖鑒謹
奏
該部知道
道光四年四月　二十　日

六二八　兩廣總督阮元奏折

飭令夷商傳諭啞啉國夷船暫行停泊候旨(道光四年八月十九日)

廣東巡撫臣陳中孚
兩廣總督臣阮元
粵海關監督臣七十四　跪

奏為請
旨事竊臣阮元臣陳中孚據澳門同知具稟據引水
人報稱八月初四日有小西洋夷船一隻來至
零丁洋面寄碇當向查問據該船主稱說伊名
吱嗖嚂嚧係啞啉國夷船載有胡椒檳榔等貨
來粵貿易船上商梢六十名船身式樣及夷人
面貌語音與港脚夷商相似祇有旂號畧異該
國從前並未來過不敢擅自帶引進口等語該

六二八　兩廣總督阮元奏折

飭令夷商傳諭啞咻國夷船暫行停泊候旨(道光四年八月十九日)

同知飭令通事傳詢澳門夷商與引水所報無異稟請示遵等情臣七十四並據澳門稅口委員稟報相同臣等當即諭飭洋商查明啞咻距中國若干洋程與何國相近是否從前改名之哦囉嘶該船既係初次來粵海道因何熟悉係何國導引又該國有無國主此次船貨是否該國遣令貿易抑夷商自行合夥逐一查明稟覆核辦去後茲據稟稱遍詢在粵各國大班僉稱該國在中國西南方與港脚及嗌咪地方相近

距廣東洋程計四十餘日實非從前哦囉嘶改名緣西洋諸國俱習星宿羅盤定向即可行船無須導引該國原有國主令吱㖷嚧船係夷商各自合夥前來並非國主遣令貿易等語稟覆到臣等恭查嘉慶十年有哦囉嘶國商船二隻改名喀咥國來粤經前監督延豐具奏欽奉
諭旨將來澳門等處如再有此等外洋夷船向未來粤者其懇請貿易之處斷不可擅自准行總當詳細詢明暫令停泊一面奏聞候旨遵行等因欽此彼時喀

六二八　兩廣總督阮元奏折

飭令夷商傳諭啞啉國夷船暫行停泊候旨(道光四年八月十九日)

叵二船因先已進口易貨回國不及駁回復經

接任督臣吴熊光奏奉

上諭此次姑著准其貿易嗣後不得擅與通市等因欽

此令啞啉國吱嘜嗳嚧船經臣等飭查係小西

洋白帽回夷之類並非哦囉嘶國改名但從前

並未來過應否遣令回國不准貿易抑或准其

貿易或以該夷遠涉重洋此次暫准易貨回國

嗣後不准再來通市之處伏候

諭旨施行除飭令洋商傳諭該船暫行停泊候

六二八　兩廣總督阮元奏折　飭令夷商傳諭啞咻國夷船暫行停泊候旨（道光四年八月十九日）

旨外臣等謹合詞恭摺由驛具
奏伏乞
皇上聖鑒訓示謹
奏
另有旨
道光四年八月　十九　日

六二九　粵海關監督七十四奏折

報告征收關稅總數
（道光四年九月二十日）

奴才七十四跪

奏爲恭報關稅一年期滿征收總數仰祈

聖鑒事竊照粵海關征收正雜銀兩向例一年期滿

先將總數

奏明俟查核支銷確數另行恭疏具

題並分款造冊委員解部歷年遵照辦理查粵海

關原定正額銀四萬兩銅斤水脚銀三千五百

六十四兩又嘉慶四年五月准戶部劄行奉

上諭向來各關征稅於正額之外將盈餘一項比較上

六二九　粵海關監督七十四奏折　報告征收關稅總數
（道光四年九月二十日）

三屆征收最多年分如有不敷即著經征之員賠補
以致司榷各員藉端苛斂而賠繳之項仍未能如數
完交徒屬有名無實因思各關情形不同所有盈餘
數目自應酌中定制以歸核實而示體恤已於戶部
所奏洛關盈餘銀數清單內經朕查照往年加多之
數分別核減自此次定額之後倘各關每年盈餘於
新定之數再有短少即行著落賠補如於定數或有
多餘亦即儘收儘解其三年比較之例著永行停止
欽此並奉

六二九　粤海關監督七十四奏折
報告征收關稅總數
(道光四年九月二十日)

欽定粤海關盈餘銀八十五萬五千五百兩欽遵亦在
案茲查粤海關遞年連閏趱前應征丙戌年分
關稅自道光三年九月二十六日起連閏扣至
四年八月二十五日關期報滿止一年期内前
任監督達三經征五箇月十四日奴才接征六箇
月十六日兩任合征統計十二箇月大關各口
共收銀一百四十四萬四千三百二十二兩六
錢一分六釐除征足正額銀四萬兩銅斤水脚
銀三千五百六十四兩並征足

六二九　粤海關監督七十四奏折

報告征收關稅總數

（道光四年九月二十日）

欽定盈餘銀八十五萬五千五百兩外計多收銀五十

四萬五千二百五十八兩六錢一分六釐除將

到關船隻及貨物粗細分別造册送部核對外

所有關稅一年期滿征收總數理合恭摺具

奏伏乞

皇上聖鑒

奏

戶部知道

道光四年九月　二十　日

六三〇　兩廣總督阮元奏折

亞林國二船來粵貿易情形

(道光四年十二月二十四日)

再，啞啉國夷商吱嘜嘆嚧船來粵，經臣會同撫臣陳中孚、粵海關監督臣七十四奏奉

諭旨：該夷遠涉重洋，此次姑著照嘉慶年間成案，暫准貿易，以示體恤。該督等即飭令洋商傳諭該夷商等，此次暫准易貨回國，係天朝特恩，不得援以為例。嗣後斷不准再來通市等因。欽此。查吱嘜嘆嚧船到粵具奏之後，續有該國夷商呀喇唫一船隨後駛到，據洋商具稟，經臣飭令暫行停泊

六三〇　兩廣總督阮元奏折　亞林國二船來粵貿易情形（道光四年十二月二十四日）

俟吱嗖唉嚧船奉到
諭旨分別欽遵辦理臣與陳中孚七十四會商呀喇
唫船到粵係在未奉到
諭旨以前該夷遠涉重洋應仰體
懷柔一併暫准易貨回國以示體卹仍傳諭止此二
船嗣後均不得援以為例飭行遵照去後隨據
洋商稟覆該二船貿易事竣先後揚帆回國據
該夷等向洋商云稱此次蒙
大皇帝特恩暫准易貨夷等十分感激回國當稟知
國主凜遵不再來通市等語臣謹會同撫臣陳

六三〇 兩廣總督阮元奏折

亞林國二船來粵貿易情形

(道光四年十二月二十四日)

中孚監督臣七十四附片奏

聞伏乞

聖鑒謹

奏

知道了

六三一　粤海關監督七十四奏折

報解關稅盈餘銀兩數目
（道光五年三月二十二日）

奴才七十四跪

奏爲恭報起解關稅盈餘銀兩數目仰祈

聖鑒事竊照粤海關每年起解正雜銀兩例應分款

具摺

奏報兹查粤海關通年連閏趱前應征丙戌年分

關稅自道光三年九月二十六日起連閏至四

年八月二十五日止一年期内前任監督達三

經征五箇月十四日奴才接征六箇月十六日統

計十二箇月大關各口共征銀一百四十四萬

六三一 粤海關監督七十四奏折

報解關税盈餘銀兩數目
(道光五年三月二十二日)

四千三百二十二兩六錢一分六釐於上年關

期報滿時將征收總數恭摺

奏明在案兹當委員起解應將收支實數分晰造

報查丙戌年分共征銀一百四十四萬四千三

百二十二兩六錢一分六釐内正項盈餘銀八

十二萬九千二百三十七兩九錢二分四釐除

循例支出正項銀四萬兩銅斤水脚銀三千五

百六十四兩移交藩庫取有實收送部查核又

於本年二月二十九日承准户部劄知酌撥雲

南省乙酉年兵餉案內撥粵海關稅銀二十萬兩現經委員分批解往尚存正羨銀五十八萬五千六百七十三兩九錢二分四釐又雜羨盈餘銀六十一萬五千八十四兩六錢九分二釐除支銷通關經費養廉工食及鎔銷折耗等銀四萬二千七百九十四兩六錢三分三釐又支出辦交造辦處裁存備貢銀五萬五千兩又支出動支報解水脚銀四萬八千七十六兩五錢二釐部飯食銀三萬七千七百九十二兩三錢

六三一　粵海關監督七十四奏折
報解關稅盈餘銀兩數目
（道光五年三月二十二日）

三分八釐尚存雜羨銀四十三萬一千四百二十一兩二錢一分九釐共存解部正雜盈餘銀一百一萬七千九十五兩一錢四分三釐又應解動支水腳銀四萬八千七十六兩五錢二釐部飯食銀三萬七千七百九十二兩三錢三分八釐又應解造辦處裁存備貢銀五萬五千兩又另款洋商備繳辦貢銀五萬五千兩又另解洋商繳還帶征甲申年分二限銀七萬六千八百七十六兩六錢三分五釐又另解平餘等銀

九千二百一十二兩二錢八分三釐查此項平
餘等銀係遵照戶部
奏准於奏銷盈餘摺内按數剔除入於本案報銷
不歸併盈餘項下再查粤海關解部税銀每千
兩向有加平銀十五兩添入鞘内今撥解雲南
省兵餉銀二十萬兩所有加平銀兩毋庸添入
計溢出添平銀三千兩一併另款解赴戶部以
清年款合併聲明除循例恭疏

六三一　粤海關監督七十四奏折

報解關税盈餘銀兩數目
(道光五年三月二十二日)

題報並挼款備具文批於道光五年三月二十二日起委員分批陸續解赴户部造辦處分别交納外謹將丙戌年分關税銀兩收支存解數目繕摺具奏伏乞
皇上聖鑒謹
奏

該部知道

道光五年三月　二十二　日

六三二　粤海關監督達三奏折

報告接收關税銀數盤核清楚
（道光五年九月二十四日）

奴才達三跪

奏爲恭報接收交代關税銀數盤核清楚仰祈

聖鑒事。竊奴才荷蒙

恩命簡放粤海關監督，業將到任接印日期恭疏

題報，並繕摺叩謝

天恩在案。兹查前任監督七十四移交關庫存貯各

款銀兩内，丙戌年分自道光三年九月二十六

日起，連閏至四年八月二十五日止，一年期内

征齊存庫解京銀兩，業經前任監督七十四將

六三二　粵海關監督達三奏折

報告接收關稅銀數盤核清楚

（道光五年九月二十四日）

收支存解數目

奏明於本年三月二十二等日委員分批陸續起

程除起解外尚實存庫雜羨參價等各款銀四

十七萬四千三百八十六兩六分一釐又丁亥

年分關稅自道光四年八月二十六日起至五

年八月十九日止計十一箇月零二十四日大

關各口共征銀一百一十九萬九千五百二十

六兩五錢二分二釐内除支銷通關經費等銀

二萬五千九百一十八兩三錢一分五釐各口

六三二　粵海關監督達三奏折　報告接收關稅銀數盤核清楚（道光五年九月二十四日）

已征未解銀一萬五千八百九十二兩二錢六分八釐洋商未完進口夷稅銀五十六萬九百五十六兩三錢六分六釐實存庫銀五十九萬六千七百五十九兩五錢七分三釐另存平餘罰料截曠等銀一千八百六十三兩七錢三分六釐零俱按款查明逐封彈兑接收清楚其洋商未完進口夷稅銀兩現有洋商認狀存據係前任監督李質穎

奏明統於滿關後六箇月内征齊起解經部議准

六三二一　粵海關監督達三奏折

報告接收關稅銀數盤核清楚

（道光五年九月二十四日）

應仍遵照舊定章程辦理奴才接篆後即將丙戌

年分征存各款銀兩趕緊催齊委員按批接續

起解所有奴才接收關稅盤核清楚緣由除循例

恭疏

題報外理合繕摺具

奏伏乞

皇上聖鑒謹

奏

知道了

道光五年九月　二十四　日

六三三　粵海關監督達三奏折（道光五年九月二十四日）
報告征收關税總數

奴才達三跪

奏為恭報關税一年期滿征收總數仰祈

聖鑒事竊照粵海關征收正雜銀兩向例一年期滿

先將總數

奏明俟查核支銷確數另行恭疏具

題並分款造册委員解部歷年遵照辦理在案查

粵海關原定正額銀四萬兩銅斤水脚銀三千

五百六十四兩又嘉慶四年五月内准户部劄

行奉

六三三 粵海關監督達三奏折

報告征收關税總數

（道光五年九月二十四日）

上諭向來各關征税於正額之外將盈餘一項比較上三届征收最多年分如有不敷即着經征之員賠補以致司榷各員藉端苛斂而賠繳之項仍未能如數完交徒屬有名無實因思各關情形不同所有盈餘數目自應酌中定制以歸核實而示體恤已於户部所奏各關盈餘銀數清單内經朕查照往年加多之數分别核減自此次定額之後倘各關每年盈餘於新定之數再有短少即行着落賠補如於定數或有多餘亦即儘收儘解其三年比較之例着永行停止

六三三　粵海關監督達三奏折

報告征收關稅總數

（道光五年九月二十四日）

欽此並奉

欽定粵海關盈餘銀八十五萬五千五百兩欽遵亦在

案茲查關期遞年連閏趱前應征丁亥年分關

稅前監督七十四管理任內自道光四年八月

二十六日起至五年八月十九日止計十一箇

月零二十四日大關各口共征銀一百二十六

萬七百二十二兩四錢七分五釐奴才接管任內

自八月二十日起至二十五日止計六日大關

各口共征銀三萬八千一百六兩四錢八分七

六三三　粤海關監督達三奏折

（道光五年九月二十四日）

報告征收關税總數

釐統計一年期内共征銀一百二十九萬八千八百二十八兩九錢六分二釐除經征足正額銀四萬兩銅斤水脚銀三千五百六十四兩並征足

欽定盈餘銀八十五萬五千五百兩外計多收銀三十九萬九千七百六十四兩九錢六分二釐除將到關船隻貨物粗細分别造具清册送部核對外所有關税一年期滿征收總數理合循例恭摺具

六三三　粤海關監督達三奏折

報告征收關稅總數

(道光五年九月二十四日)

奏伏乞

皇上聖鑒謹

奏

户部知道

道光五年九月　二十四日

六三四 兩廣總督阮元奏折 英商船被焚寬免應征税鈔（道光五年十二月二十一日）

兩廣總督臣阮元
粵海關監督臣達三跪

奏為夷船被焚據情籲叩
天恩酌免税鈔事竊照㖹咭唎國咕吱嗍船於道光五年九月十四日載有棉花等貨來廣貿易統計進口出口各貨共已報徵税耗等銀九千七百九十兩八錢一分五釐尚有應徵鈔規等銀三千七百三十八兩三錢七分四釐正在陸續下貨出口間旋於十一月十四日四更時分本船艙内失火將該夷船全行焚燬僅剩燒存船

六三四 兩廣總督阮元奏折 英商船被焚寬免應征税鈔（道光五年十二月二十一日）

底及沉水餘貨當據洋商伍敦元等轉據該國
貿易大班喊哐稟求免輸燒剩餘貨餉銀及應
徵鈔規銀兩等情前來臣等查嘉慶二十二年
正月間有嘆咭唎國吔哂夷船失火被焚經前
督臣蔣攸銛前監督臣祥紹
奏請將該船已徵税銀無庸發還其應徵鈔規及
焚餘貨税均予豁免荷蒙
恩准在案今呫吱畤船航海遠來遭此火災船貨俱空
情殊可憫其焚剩沉水貨物均須打撈曬晾值

六三四　兩廣總督阮元奏折　英商船被焚寬免應征税鈔(道光五年十二月二十一日)

價亦復無幾可否援照咄哂夷船之案將已徵之税銀九千七百九十兩八錢一分五釐無庸發還其應徵鈔規等銀三千七百三十八兩三錢七分四釐及焚餘貨税均予寬免之處出自聖主天恩臣等未敢擅便理合會摺具奏伏乞皇上聖鑒訓示謹奏

另有旨

道光五年十二月　二十一　日

六三五　粤海關監督達三奏折　報解關税盈餘銀兩數目（道光六年三月二十六日）

奴才達三跪

奏爲恭報起解關税盈餘銀兩數目仰祈

聖鑒事。竊照粤海關每年起解正雜銀兩，例應分款

具摺

奏報。兹查關期遞年遞閏，趲前應徵丁亥年分關

税。前監督七十四管理任内，自道光四年八月

二十六日起至五年八月十九日止，計十一個

月零二十四日，大關各口共徵銀一百二十六

萬七百二十二兩四錢七分五釐。奴才接管任内

六三五　粤海關監督達三奏折

報解關税盈餘銀兩數目

（道光六年三月二十六日）

自八月二十日起至二十五日止計六日大關各口共徵銀三萬八千一百六兩四錢八分七釐統計一年期内共徵銀一百二十九萬八千八百二十八兩九錢六分二釐於上年關期報滿時將徵收總數恭摺

奏明在案茲當委員起解應將收支實數分晰造報查丁亥年分共徵銀一百二十九萬八千八百二十八兩九錢六分二釐内正項盈餘銀六十五萬九千四十八兩二錢六分三釐除循例

六三五　粵海關監督達三奏折

報解關稅盈餘銀兩數目

(道光六年三月二十六日)

支出正項銀四萬兩銅觔水脚銀三千五百六十四兩移交藩庫取有實收送部查覈尚存正羨銀六十一萬五千四百八十四兩二錢六分三釐又雜羨盈餘銀六十三萬九千七百八十兩六錢九分九釐除支銷通關經費養廉工食及鎔銷折耗等銀四萬四千一百七十九兩三錢又支出解交造辦處裁存備貢銀五萬五千兩又支出動支報解水脚銀四萬三千三十兩一錢三分七釐部飯食銀三萬三千七百五十

六三五　粵海關監督達三奏折

報解關税盈餘銀兩數目

（道光六年三月二十六日）

四兩二錢四分九釐尚存雜羨銀四十六萬三千八百一十七兩一分三釐共存解部正雜盈餘銀一百七萬九千三百一兩二錢七分六釐又應解動支水脚銀四萬三千三十兩一錢三分七釐部飯食銀三萬三千七百五十四兩二錢四分九釐又應解造辦處裁存備貢銀五萬五千兩又另款洋商備繳辦貢銀五萬五千兩又另解洋商繳還帶徵甲申年分三限銀七萬六千八百七十六兩六錢三分五釐又另解平

餘等銀七千七百六十一兩七錢二分三釐查
此項平餘等銀係遵照户部
奏准於奏銷盈餘摺内按數剔除入於本案報銷
不歸併盈餘項下合併聲明除循例恭疏
題報並按款備具文批於道光六年三月二十二
日起委員分批陸續解赴户部造辦處分別交
納外謹將丁亥年分關税銀兩收支存解數目
繕摺具
奏伏乞

六三五　粤海關監督達三奏折
報解關税盈餘銀兩數目
（道光六年三月二十六日）

六三五　粤海關監督達三奏折

報解關稅盈餘銀兩數目
(道光六年三月二十六日)

奏

皇上聖鑒謹

該部院知道

道光六年三月　二十六　日

六三六　粤海關監督文連奏折

接收關税銀數盤核清楚（道光七年正月十一日）

奴才文連跪

奏爲恭報接收交代關税銀數盤覈清楚仰祈

聖鑒事。竊奴才荷蒙

恩命調任粤海關監督，業將到任接印日期恭疏

題報，並繕摺叩謝

天恩在案。茲查前任監督達三移交關庫存貯各款銀兩内，戊子年分關税自道光五年八月二十六日起至六年八月二十五日止一年期内，大關各口共徵銀一百五十七萬六千六百三十

七兩一錢六分二釐内於道光六年十月十二日承准户部劄行酌撥各省藩庫實存銀兩解部歸款案内擬撥粵海關税銀七十萬兩等因業經前監督達三委員陸續批解過銀五十二萬五千兩又支通關經費等銀四萬七百四十五兩一錢七釐各口已徵未解銀六萬四千三百六十七兩六錢九分三釐洋商未完進口夷税銀七十八萬七千八百八十四兩七錢三分四釐現存庫銀一十五萬八千六百三十九兩

六錢二分八釐另存平餘罰料截曠銀二千一
百九十一兩五錢一分一釐又乙丑年分關稅
自道光六年八月二十六日起至十二月十二
日止計三個月零十七日大關各口共徵銀一
百一十萬二千八百五十一兩五錢内除支銷
通關經費等銀七千三百六十五兩三錢一分
六釐各口已徵未解銀一千二百七十四兩一
錢五分一釐洋商未完進口夷税銀七十六萬
一千九百五十二兩一錢五分三釐現存庫銀

六三六　粤海關監督文連奏折　接收關稅銀數盤核清楚
(道光七年正月十一日)

三十三萬二十二百五十九兩八錢八分另存
平餘截曠銀一千一十六兩七錢六分五釐等
俱按款查明逐封彈兌接收清楚其洋商未完
進口夷稅銀兩現有洋商認狀存據係前任監
督李質穎
奏明統於滿關後六個月內徵齊起解經部議准
應仍遵照舊定章程辦理除將戊子年分各洋
商未文銀兩等上緊按款徵齊依期接續起解
歸於該年

六三六　粤海關監督文連奏折

接收關税銀數盤核清楚

（道光七年正月十一日）

奏銷案内將徵解税銀數目另行具

題所有㸃接收關税銀數盤覈清楚緣由除循例

恭疏

題報外理合繕摺具

奏伏乞

皇上聖鑒謹

奏

知道了

道光七年正月　十一　日

六三七 粤海關監督文連奏折

報解關税盈餘銀兩數目

(道光七年三月二十九日)

奴才文連跪

奏為恭報起解關税盈餘銀兩數目仰祈

聖鑒事。竊照粤海關每年起解正雜銀兩例應分款

具摺

奏報。兹查關期遞年連閏遞前應徵戊子年分關

税,前監督達三管理任内,自道光五年八月二

十六日起至六年八月二十五日止一年期内

大關各口共徵銀一百五十七萬六千六百三

十七兩一錢六分二釐,於上年關期報滿時經

六三七　粵海關監督文連奏折

報解關税盈餘銀兩數目

(道光七年三月二十九日)

前監督達三將徵收總數恭摺

奏明在案茲當委員起解應將收支實數分晰造

報查戊子年分共徵銀一百五十七萬六千六

百三十七兩一錢六分二釐内咕吱嘶夷船被

火焚燒該夷求免全船鈔規等銀及焚餘貨税

經前監督達三會同前任兩廣督臣阮元恭摺

奏奉

恩旨寬免該夷全船鈔規等銀三千二百五十七兩

九錢五分四釐實共徵銀一百五十七萬三千

六三七　粵海關監督文連奏折

報解關税盈餘銀兩數目

(道光七年三月二十九日)

三百七十九兩二錢八釐内正項盈餘銀八十九萬八千二百六十九兩九錢九分五釐除循例支出正項銀四萬兩銅觔水脚銀三千五百六十四兩移交藩庫取有實收送部查覈外又於上年十月十二日承准户部劄知酌撥各省藩庫實存銀兩解部歸款案内撥粤海關税銀七十萬兩行令迅速解交部庫等因業經委員起解清楚尚存正羡銀一十五萬四千七百五兩九錢九分五釐又雜羡盈餘銀六十七萬五

千一百九兩二錢一分三釐除支銷通關經費
養廉工食及鎔銷折耗等銀四萬三千九百七
十二兩四錢二分六釐又支出解交造辦處裁
存備貢銀五萬五千兩又支出動支報解水脚
銀五萬三百二十二兩三錢一釐部飯食銀三
萬九千五百八十六兩三錢四分四釐尚存雜
羨銀四十八萬六千二百二十八兩一錢四分
二釐共存解部正雜盈餘銀六十四萬九百三
十四兩一錢三分七釐又應解動支水脚銀五

六三七　粤海關監督文連奏折

報解關税盈餘銀兩數目

(道光七年三月二十九日)

萬三百二十二兩三錢一釐部飯食銀三萬九
千五百八十六兩三錢四分四釐又應解造辦
處裁存倫貢銀五萬五千兩又另款洋商倫繳
辦貢銀五萬五千兩又另解洋商繳還帶徵甲
申年分四限銀一萬五千七百二十四兩二錢
二釐又另解平餘等銀八千三百八十七兩九
錢九分六釐查此項平餘等銀係遵照户部
奏准於奏銷盈餘摺内按數剔除入於本案報銷
不歸併盈餘項下合併聲明除循例恭疏

六三七 粤海關監督文連奏折

報解關税盈餘銀兩數目

(道光七年三月二十九日)

題報並按款備具文批於道光七年三月二十二
日起委員分批陸續解赴户部造辦處分别交
納外謹將戊子年分關税銀兩收支存解數目
繕摺具
奏伏乞
皇上聖鑒謹
奏

該部知道

道光七年三月 二十九 日

六三八　粤海關監督文連奏折
報告征收關税總數
(道光七年八月二十五日)

奴才文連跪
奏爲恭報關税一年期滿徵收總數仰祈
聖鑒事竊照粤海關徵收正雜銀兩向例一年期滿
先將總數
奏明俟查覈支銷確數另行恭疏具
題並分款造册委員解部歷年遵照辦理在案查
粤海關原定正額銀四萬兩銅觔水脚銀三千
五百六十四兩又嘉慶四年五月内准户部劄
行奉

上諭向來各關徵税於正額之外將盈餘一項比較上
三屆徵收最多年分如有不敷即着經徵之員賠補
以致司榷各員藉端苛斂而賠繳之項仍未能如數
完交徒屬有名無實因思各關情形不同所有盈餘
數目自應酌中定制以歸覈實而示體恤已於户部
所奏各關盈餘銀數清单内經朕查照往年加多之
數分別覈減自比次定額之後倘各關每年盈餘於
新定之數再有短少即行着落賠補如於定數或有
多餘亦即儘收儘解其三年比較之例著永行停止

六三八　粵海關監督文連奏折

報告征收關稅總數

（道光七年八月二十五日）

六三八　粤海關監督文連奏折　報告征收關税總數（道光七年八月二十五日）

欽此並奉

欽定粤海關盈餘銀八十五萬五千五百兩欽遵亦在案茲查粤海關遞年連閏趲前應徵已丑年分關税自道光六年八月二十六日起連閏扣至七年七月二十五日關期報滿止一年期内前任監督達三經徵三個月十七日奴才接徵八個月十三日兩任合徵統計十二個月大關各口共收銀一百八十五萬四十五兩九錢九分二釐除徵足正額銀四萬兩銅觔水脚銀三千五

六三八　粵海關監督文連奏折　報告征收關稅總數（道光七年八月二十五日）

百六十四兩並徵足
欽定盈餘銀八十五萬五千五百兩外計多收銀九十
五萬九百八十一兩九錢九分二釐除將到關
船隻及貨物粗細分別造冊送部覈對外所有
關稅一年期滿徵收總數理合恭摺具
奏伏乞
皇上聖鑒謹
奏

戶部知道

道光七年八月二十五日